故宫观止

丘濂　曾焱　吴丽玮－编著

中国出版集团　现代出版社

图书在版编目（CIP）数据

故宫观止 / 丘濂，曾焱，吴丽玮编著 . —— 北京 ：现代出版社，
2020.10

ISBN 978-7-5143-8800-8

Ⅰ . ①故… Ⅱ . ①丘… ②曾… ③吴… Ⅲ . ①故宫—北京—通俗读物
Ⅳ . ① K928.74-49

中国版本图书馆 CIP 数据核字 (2020) 第 143909 号

故宫观止

编 著 者：丘 濂 曾 焱 吴丽玮
责任编辑：张 霆 哈 曼
出版发行：现代出版社
通信地址：北京市安定门外安华里 504 号
邮政编码：100011
电 话：010-64267325 64245264（兼传真）
网 址：www.1980xd.com
电子邮箱：xiandai@vip.sina.com
印 刷：北京瑞禾彩色印刷有限公司

开 本：710mm×1000mm 1/16
印 张：20.25 字 数：291 千
版 次：2020 年 10 月第 1 版 印 次：2020 年 11 月第 2 次印刷
书 号：ISBN 978-7-5143-8800-8
定 价：98.00 元

版权所有，翻印必究；未经许可，不得转载

总序

杂志的极限何在？

这不是有标准答案的问题，而是杂志需要不断拓展的边界。

中国媒体快速发展20余年之后，网络尤其是智能手机的出现与普及，媒体有了新旧之别，也有了转型与融合。这个时候，传统媒体《三联生活周刊》需要检视自己的核心竞争力，同时还要研究它如何持续发展。

这本杂志的极限，其实也是"他"的日常，是记者完成了90%以上的内容生产。这有多不易，我们的同行，现在与未来，都可各自掂量。

这些日益成熟的创造力，下一个有待突破的边界在哪里？

新的方向，在两个方面展开：

其一，作为杂志，能够对自己所处的时代提出什么样的真问题。

有文化属性与思想含量的杂志，重要的价值，是"他"的时代感与问题意识。在此导向之下，记者将他们各自寻找的答案，创造出一篇一篇文章，刊发于杂志。

其二，设立什么样的标准，来选择记者创造的内容。

杂志刊发，是一个结果，这个过程的指向，《三联生活周刊》期待那些被生产出来的内容，能够称为知识。以此而论，杂志的发表不是终点，这些文章，能否发展成一本一本的图书，才是检验。新的极限在此！挑战在此！

图书才是杂志记者内容生产的归属，源自《三联生活周刊》一次自我发现。2005年，周刊的抗战胜利系列封面报道获得广泛关注，我们发现，《三联生活周刊》所擅不是速度，而是深度。这本杂志的基因是学术与出版，而非传媒。速度与深度，是两条不同的赛道，深度追求，最终必将导向知识的生产。当然，这不是一个自发的结果，而是意识与使命的自我建构，以及持之以恒的努力。

生产知识，对于一本有着学术基因，同时内容主要由自己的记者创造的杂志来说，似乎自然。我们需要的，是建立一套有效率的杂志内容选择、编辑的出版转换系统。但是，新媒体来临，杂志正在发生的蜕变与升级，能够持续，并匹配这个新时代吗？

我们的"中读"App，选择在内容升级的轨道上，研发出第一款音频产品——"我们为什么爱宋朝"。这是一条由杂志封面故事、图书、音频节目、再结集成书、视频的系列产品链，也是一条艰难的创新道路，所幸，我们走通了。此后，我们的音频课，基本遵循音频—图书联合产品的生产之道。很显然，所谓新媒体，不会也不应当拒绝升级的内容。由此，杂志自身的发展与演化，自然而协调地延伸至新媒体产品生产。这一过程，结出的果实，便是我们的"三联生活周刊"与"中读"文丛。

杂志还有"中读"的内容，变成了一本又一本图书，它们是否就等同创造了知识？

这需要时间，以及更多的人来验证，答案在未来……

李鸿谷

《三联生活周刊》主编

目
录

第三篇 \ 守护与传承

第四篇 \ 修缮与鉴定

第五篇 \ 台北故宫博物院

故　　　宫　　　观　　　止

第一篇

历史与价值

重新发现故宫的文化价值

1

2011年的时候，故宫的观光人数就达到了不可思议的1400万；2015年，故宫博物院成立90周年之际，对于大众意识而言，作为景点的故宫，开始与其名称匹配、"转换"为文化启蒙的博物馆。作为观察现今中国的一个横断面，故宫见证着这个国家民众的成长。

每天有这么多人顶着北京秋天的烈日在故宫排队6个小时看展览，连"《石渠宝笈》特展"的负责人、故宫博物院书画部主任曾君都没有想到。这不是故宫第一次"晒宝贝"，武英殿"故宫藏历代书画展"已经展览了7年；这也不是有群众基础的《清明上河图》首见天日，10年前故宫里就"晒"过了，后来陆续在香港和上海也展出过。

这次"爆款"的形成，只有把故宫放在博物馆的坐标系里才能解释。1925年10月10日，故宫博物院成立。它并不是百科全书式的博物馆，而是一座中国古代文化遗产的宝库，根据国家文物局的统计，全国文物收藏单位保管的一、二、三级珍贵文物里，41.98%都在故宫。作为一座博物馆，除了收藏和研究，它还具备着展示和教育的功能。

如果翻看欧美博物馆的历史，从建立到发展，开启民智的目的和功能贯穿始终，而到了现代博物馆时期，更强调博物馆要在城市生活中占据重要角色。罗浮宫馆长H.瓦路莱特（H.Valorette）说："今天，博物馆是公民责任的工具，是批判精神的孵化器，是品位的创造地，它保存着理解世界的钥匙。它必须有能力通过各种手段，把这些钥匙传递给所有人。"

外部的环境也是衡量博物馆的轴线。再回到世界博物馆的历史里，19世纪末到20世纪初是一个高速发展的时期。那是大量产生中产阶级的时代，富裕的人们从生活必需品转向对美观和愉悦的消费，而获得知识与品位的途径之一，是对博物馆的膜拜。

《石渠宝笈》特展前排的六小时长队，其实是故宫博物院往现代化博物馆道路上前行的积累，也是社会民众对审美的渴望。放在故宫博物院建院90周年和中国经济快速发展的时间点上，"爆款"并不是一个偶然，很多年后它也许会成为描述现今中国社会的横断面。

《石渠宝笈》特展

　　"咱们干点什么事儿？要不去看看这座城市的文物？"莎士比亚在《第十二夜》里的这段话如今也有指导意义。《石渠宝笈》特展开幕一个星期后，广西的同学在朋友圈里晒了4张故宫的照片，直到那时我都不相信她人已在北京，毕业那么多年，她从没回来过。可她真的是为了看这次展览专门飞回来的，8点15分赶到午门时，网上预约门票的队伍已经几个迂回，横着午门城楼的宽度，队尾排到太庙门口了。执勤的师傅告诉她，其实排队是没用的。果然开始检票后，所有排队的游客像鱼一样涌向检票口。

　　受文化熏陶前的等待，是一场运动与体能的热身。先是考验100米跑的爆发力，得用最快的速度通过检票口，过了检票口考验的是中长跑的耐力，跟着人群狂奔，不能停留，稍微停下几步，后面的人群就会像潮水般冲到了前面。我同学是健身爱好者，有跑步的习惯，在来自五湖四海的游客里爆发力和体能都属于中上，她在检票一关冲进了前十名，长跑也没落后，8点28分排到了武英殿的门外，10点钟进大殿。跟普遍排6个小时的观众相比，事先计划好和平时加强体育锻炼让她节约了不少的时间。

　　为了配合这个特展，故宫出版社的杂志《紫禁城》九月号刊登的内容全是中国古代书画专家对《石渠宝笈》的研究成果。开展10天，这本小众的杂志在故宫和故宫附近的书店里就卖光了，不少游客靠捧着杂志度过漫长的排队时间。

　　从策展的角度讲，《石渠宝笈》特展的确颇费一番心思。故宫书画部主任曾君说，从徐邦达先生时起，做一个《石渠宝笈》的展览就是中国古代书画研究者的夙愿。《石渠宝笈》的典故出自班固的《西都赋》："天禄、石渠，典籍之府。"萧何主持修建未央宫的时候，在西北修造了收藏图书典籍和文献档案的

"石渠阁"和"天禄阁"。乾隆皇帝将其引用在敕修的两部著录文献——《石渠宝笈》和《天禄琳琅》上，前者专录宫藏书画，后者专录宫藏善本。

皇家书画收藏的第一个高峰是唐太宗时期，后来在宋徽宗和元文宗时期又兴盛起来。到了清朝，前代的累积和康乾盛世，让皇家有充分实力对历代书画进行集中、辨伪和保护，乾隆时期的收藏达到最后一个顶峰，此时，散落民间的名家书画已经十分稀少。在这个背景下编撰的《石渠宝笈》，就成为中国古代书画最高成就的集合。

办一个《石渠宝笈》的展览并不是"晒宝贝"那么容易，背后是书画人的研究成果。"《石渠宝笈》著录有1万多件，看起来都盖了石渠的章，但是不是石渠的东西就要考证了。比如一本花鸟册，《石渠宝笈》打开，花鸟册一大堆，怎么确定呢，要对尺寸、要对画的内容，什么花什么鸟，还有页数、盖章的位置，是不是所有都吻合，这个工作量是非常大的。"曾君说。故宫现在有1000多件《石渠宝笈》的东西，研究者们一个一个地比对，确认了好几年，再从这1000多件东西中，挑选出这次展览的书画作品。

展品的挑选也是一个经验积累的过程。曾君说，故宫的展览是从精品展到专题展。"精品展就是晒宝贝，把《五牛图》《清明上河图》拿出来就可以了。这一次不是，这次是专题展，展品必须围绕着一个主题。现在《五牛图》的那个位置叫作重回石渠，那个单元讲的是国宝出宫又回宫，历尽沧桑，损坏得很厉害。1977年，故宫专门组织特别专业的专家进行修复。我们展出了修复前后对比的照片。我们在给观众讲故事，所有的展览素材包括书画在内，都是围绕着故事的。"

为了让观众明白《石渠宝笈》的来龙去脉，这次特展分了两个展场。在延禧宫的展览，讲的是《石渠宝笈》是怎样的一本书。它分成了五个单元，首先讲藏品的来源，有继承明代宫廷的、乾隆当皇子时自己收藏的、大臣抄家罚没的，还有臣子进献的。然后讲了编撰，参与编撰的都是当时很有名的书家、画家、鉴藏家和很有学问的大臣，他们的眼光很好，可以保证书的质量。最后讲了《石渠宝笈》的体例，初编、续编、三编如何一步一步地完善，书中所提及

故宫"《石渠宝笈》特展"吸引大批观众前来参观（于楚众摄）

故宫书画部的工作人员正在精心布展（张云天摄）

的字画都收藏在故宫的哪些位置，《石渠宝笈》有哪些版本等。

真正的看展顺序应该是先去延禧宫，对《石渠宝笈》有了一个很全面的了解之后，再到武英殿去看书画真迹。

武英殿的展览分成三个单元，第一个单元按照《石渠宝笈》的体例，把书画作品分成清代之前和清代两个部分。清代之前的书画作品里，宋元的比重很大；在清代的作品中，皇帝的书法是第一次全部展出。"对比着看，顺治刚入关的时候，字写得还不太好，但是能看出他很有个性。康熙受到董其昌的影响。雍正很有才华，写得特别好。然后再看嘉庆，比较中规中矩，从皇帝的字也能看出他的性格。"曾君说。

第二个单元是重回石渠，讲的是《五牛图》《出师颂》这些出宫散佚的书画从各种渠道收回和修复的故事，体现了"大家"对石渠文物的爱护，都希望它们可以重回原来的位置。

第三个单元是考订辨伪，这里既有老一辈书画人的研究成果，也有在掌握世界各个博物馆的资料后新的研究成果。

在理想的状态下，若将延禧宫和武英殿依次看完，观众们对《石渠宝笈》和中国古代书画会有不错的体验和认识。但实际的情况是，特展成了"爆款"，谁都没法从容地先去看延禧宫，而是被迫跑步去排武英殿的队，大部分人直奔正殿的《清明上河图》而去。爱钻研的人只好买资料，自己做功课。

（隋）佚名：章草书《出师颂》，现藏于故宫博物院

被遮蔽的国宝

　　《石渠宝笈》特展其实是纪念故宫博物院成立90周年的18个展览之一。1925年10月10日，溥仪迁出故宫一年之后，故宫博物院成立。紫禁城向民众开放，皇家旧藏也成了全民族的文化财产。故宫究竟有多少藏品？一直以来的说法是近100万件，直到2004年故宫才进行了建院79年以来最彻底的文物清理，经过7年的时间，阶段性的数字是180万件。

　　一直以来故宫的藏品对公众来讲显得很抽象。故宫文管处处长梁金生是文物清理的提议人，他家五代都在紫禁城里工作。1933年，他父亲随着故宫文物

1933年2至5月，故宫文物分五批踏上南迁之路

南迁，在路上遇到他母亲，组建了家庭，哥哥、姐姐和他都出生在南迁的路上。梁金生在南京长到5岁才跟着故宫的文物一起回到北京，而现在他是这些文物的大总管。

"从皇宫到博物馆，必须按照博物馆的体系把东西重新分类，这是个非常庞大的工程，比如说乾隆的诗稿就有三个大箱子，把它们整理入账就需要好多时间。可1933年故宫文物就开始南迁了，中华人民共和国成立之后故宫内部的行政划分也发生过变化，分类和账目清算一直没有彻底完成。"梁金生说，因为时代局限，从前一些有历史研究价值的物品并没有被认作文物，比如皇宫的用水都是从玉泉山拉来的，可运水的水车没有保存下来。2004年，正好文物搬进了地下库房，把每件藏品的实物与账目——对应，并且输入计算机系统。

故宫博物院的藏品有25大类，绘画作品有5.3万幅，这次展出的《五牛图》《清明上河图》都是其中的重要藏品，法书7.5万幅，《兰亭序》《中秋帖》《伯远帖》都是其中著名的作品，碑帖有2.8万件、铜器16万件、金银器1.2万件、漆器1.9万件、珐琅器6600件、陶瓷36.7万件、织绣18万件等。藏品中大多是传世文物和精美的艺术品。

如果同世界四大博物馆做横向比较，故宫的藏品数量并不逊色：英国大英博物馆拥有800万件藏品，美国大都会博物馆拥有超过200万件的藏品，法国罗浮宫的收藏目录上艺术品有40多万件，俄罗斯艾尔米塔什博物馆收藏各类文物270万件。

但是故宫的博物馆属性却不鲜明，让人印象深刻的只有中轴线上的太和殿、中和殿、保和殿、乾清宫、交泰殿和坤宁宫的宫廷原状陈列。观众挤在窗户前隔着玻璃向内张望，可并没有更多的头绪，甚至难以意识到这是博物馆的展厅，反而更像是景点的一部分。

故宫博物院是世界上规模最庞大的木结构宫殿建筑群，北京乃至中国最重要的旅游景点。大英博物馆2010—2011年度有590万人次参观；罗浮宫2011年有890万人次参观；大都会2010年7月—2011年6月有568万人次参观；艾尔米塔什每年有350万人次参观。而故宫博物院2010年的参观人数约1283万人次，

2011年超过了1400万人次。

　　大部分游客的故宫参观路线是从午门进入，目不斜视地沿着中轴线一路穿过这个建筑群，再从神武门走出，很少有人走到旁边去，那里的专题陈列馆其实一直都在展出国宝。太和殿西南的武英殿，从2008年开始每年推出3期故宫藏历代书画展。每期的展品有60～70件，涵盖了晋唐宋元明清各个时期重要美术家的代表作品，其中不乏传世的国宝，如果跟随展览认真看下来，会对中国美术史上的重要作品都有所了解。与武英殿东西遥对的文华殿是陶瓷馆，展出唐代越窑、邢窑、宋代五大名窑、元代青花、明清官窑的珍品，几乎可以组成一部中国陶瓷史。但大多数时候，这两座宫殿非常安静，只有专业的研究人员、中国传统文化爱好者和偶尔离开中轴线、有好奇心的游客才会光顾。

　　紫禁城的光环太耀眼，两座侧路的宫殿很难吸引到更多观众的目光，而跟180万件藏品相比，现在展出的文物比例也难成气候。客观上讲，故宫博物院的古代房屋结构使其难以作为现代化展厅。拓展展览空间是故宫一直以来的打算，多年前曾经计划在紫禁城里建设地下展厅，但这个想法引起了巨大的争议。现在只能是随着故宫大修开放区域的增加，而设立更多的专题展厅，2015年10月故宫西区开放，慈宁宫将作为历代雕塑的陈列馆。故宫博物院还正在建设一个北区，计划2010年向公众开放，竣工之后，将作为大型的、有震撼力的展览展厅。故宫博物院收藏的6200件家具、1300张地毯，大量的武备仪仗在紫禁城里很难施展，但将来可以在现代化的北区修复和陈列。

展览陈列的开启民智作用

　　根据曾君的观察，《石渠宝笈》特展上排队6个小时的观众，大部分是奔着《清明上河图》去的，这让她感慨万千。故宫最近10年内两次展出《清明上河图》，她都亲自参与，可反响截然不同："故宫博物院80周年的时候，在延禧宫做了《清明上河图》与宋代风俗画的主题展览，我负责写《清明上河图》的说明，我们拿宋代风俗画、明清仿本做横向比较、纵向比较。《清明上河图》的桥是木质的，后来的桥是石拱桥，《清明上河图》的墙是夯土，明清都是砖，每个细节都需要去比较，写得很辛苦，但是没什么人来看。"

武英殿的书画展厅，《清明上河图》在这里全卷展开

对故宫博物院的书画专家来讲，除了对古代书画的研究和保护，展览陈列其实是最重要的工作之一。如果翻开博物馆发展的历史，它是一个由精英欣赏到开启民智的演化过程。从词源学的角度来讲，博物馆（Museum）的意思是缪斯女神的神庙，任何一个用于音乐、美术、科学或提高学问的地方都能被称为博物馆，可是在英语里Museum变得非常特殊，专门指收藏和展示科学标本、艺术品和奇珍异宝的场所。它最初只服务于学者，其次才是公众，大英博物馆刚刚开放的时候，参观人数每天限定30人，不但需要门票而且必须提前预约，到了纽约兴建大都会博物馆时，教育的功能才开始被重视。

大都会博物馆建馆前后的10年，纽约到处脏乱差、交通瘫痪，流浪儿在大街小巷游荡，上层阶级把教化民众当作拯救城市的方法，手段之一便是通过艺术的滋养。第一任馆长鲁伊吉在1887年的一次演讲里说得明白："简单纯粹的消遣是没有接受过文化教育、没有太高修养的大众热衷的娱乐方式。他们可能确实会在无忧无虑之中误闯进博物馆这个更好、品位更高的休闲场所，或许从此能成为缪斯女神的孩子，成为举止儒雅、品位高尚的人。"到了当代，博物馆理论越来越强调对民众的关怀，并贴近社区、满足社区的需求。

要想把越来越多的观众吸引来看展览，就得降低专业门槛，让普通观众看明白，对于书画专家们来讲，这是个新体验，需要琢磨和研究。2011年故宫午门上推出兰亭大展，按照故宫的展览规格，那是个比武英殿更重要的展览。曾君拿出厚厚的一摞兰亭大展方案说，故宫的常务副院长李季要求书画部要做一个高中文化程度的观众能看懂的展览。

"一开始我们是按照种类讲的，兰亭墨迹单元就是法书、拓本、碑帖，然后是绘画单元、器物单元，这是我们最传统的做法，但没通过。"曾君说，因为故宫收藏的兰亭素材特别多，所以他们又按照兰亭艺术的诞生、繁荣和普及重新策划，里面有文人雅集的内容、唐太宗对它的推崇、《定武兰亭》这样比较专业的内容和很多人对兰亭的刻画、兰亭的器物。"看起来这个也挺明了的，但是把大纲给故宫里的宗教专家看，他觉得观众看不懂，因为他看着都费劲，像教科书。"

最后呈现的方法是讲故事。兰亭的起源，先讲王羲之的兰亭，然后围绕唐太宗，他怎么让大臣去临摹、陪葬昭陵这些典故。兰亭的繁荣，专家们只挑了一个点，乾隆皇帝的兰亭。他有三希堂，他刻"八柱兰亭"，他以兰亭为题材做的玉器、瓷器。最后的单元是兰亭的后世影响，起名为"谁的兰亭"。

"这个展览很成功，观众们记得住。我印象特别深刻，当时艺术史学者尹吉男做论证时有个比喻，做展览应该跟谈恋爱一样，你得比观众高，但是不能太高。观众踮一踮脚就能够得着，对他就有吸引力。比他低或者高得太多，他就不跟你谈恋爱了。"曾君说。

兰亭大展像是这次《石渠宝笈》特展的演练，从那时候起，故宫的展览从精品展向专题展进步，把专业知识用讲故事的方法推广给观众。兰亭大展虽然成功，但是没有这一次轰动。如果把排队的原因归结为《清明上河图》，却解释不了10年前展出时的冷清。作为书画领域的专家，曾君认为是最近几年普通民众对文化越来越有需求的结果。

回到博物馆的理论系统里，历史学家尼尔·哈里斯认为："博物馆的发展极少能超越其所处时代的经济状况。""一战"前的《科学》杂志上就刊登文章，认为"博物馆的发展与国家财富的发展相平行"。

美国博物馆发展的黄金时期，也是工业经济发展的时期，中产阶级数量大增，他们拥有越来越多可支配的收入，购买伴随着工业经济发展而生的各种新产品，消费不再停留于生活必需品，而是有了审美追求。中产阶级用购买有品位的商品来确立自己的身份。

历史学家奥韦尔认为，物品对于理解那个时代的精神世界是至关重要的。博物馆、商场和全球各地的市场共同造就了这个由物品组成的世界。

互联网+故宫

《石渠宝笈》特展上的长队，在故宫上下看来也是新媒体发达的结果。《清明上河图》与宋代风俗画、兰亭大展都是通过报纸杂志发出消息的。常规的武英殿的历代书画展得从报纸或者书画爱好者、文艺青年聚集的论坛里找消息。而《石渠宝笈》特展则通过故宫官方微博、微信发出消息，又经过自媒体的放大，包括撰写以《清明上河图》为题材的各种文章，形成了病毒式的传播。从前只在小众范围内传播的展览，在移动互联网时代变成了9月份的文化事件。

故宫博物院要走向现代化的博物馆，除了依靠紫禁城的盛名，还要凭借收藏和展品，这样才能成为吸引观众的目的地。在过去的20多年里，全世界的博物馆都在改变中规中矩的形象，探索更加亲民和活泼的方法，吸引观众参与，让观众愉悦。

故宫博物院的新媒体在这个潮流中引人注目，紫禁城庄严肃穆又精英化，可故宫新媒体却界面友好、接地气。这次《石渠宝笈》特展，除了在微博上更新《石渠宝笈》的知识和展览信息，还设立了高清的全景展厅作为网上博物馆。

故宫博物院的新媒体起源于故宫里给文物拍照的照相室。故宫有180万件文物，没有办法进行人工管理，从采集高清晰图像和视频开始，故宫在文物数字化的数量和技术上都积累多年。资料信息部的李琼说道，《清明上河图》的视频展示采用的大影像打开技术，从前是美国军方的技术，故宫和一个公司联合开发后，适合了中国古代书画的应用。"所有软件的逻辑都是基于西方美术定点透视的，而我们要研发中国画散点透视空间的数据运算，最后我们做了一个专利技术，可以迅速得到散点透视空间的三维模型。"

除了拥有配合展览的高科技，故宫博物院几乎把自己也变成了一个大众媒体。"我们的网站点击量本来就十分惊人，但是到了移动互联网时代，又有了爆发式的增长。"李琼说。除了在微信、微博上可以获取故宫和精品文物的知识，故宫博物院从2013年开始还陆续上线了五个App，用非常时髦的多媒体手段来传播故宫文化。"当时App还没有这么火，我们觉得用户群跟使用iPad（苹果的平板电脑）的人是重合的，他们可能是一群去小剧场看话剧、生活比较时尚的人，所以App得符合他们的趣味。"李琼说。

2015年1月上线的《韩熙载夜宴图》App是其中技术复杂、容量最大的一个。李琼提到，在故宫收藏的名画里，《韩熙载夜宴图》是在知名度上跟《清明上河图》相当的名画。《清明上河图》有广泛的群众基础，如果让中国受过初中以上教育的人可以说出第二幅古代书画的名字，她希望是《韩熙载夜宴图》。

这个App把台北"南音乐府"的真人表演拍摄下来，打灯、化装、衣服的褶皱不要立体感，全部呈现的是线描的感觉，然后跟古画无缝对接。在高清晰的页面上还特别创造出秉烛夜游的意境，手指点过的地方闪烁着柔和的烛光照亮画面，并配有说明文字。从印章到人物，所有艺术史上涉及的知识点全部通过多媒体的手段植入App中，从头到尾地看完，不但欣赏了一幅优美的古画，还能对它的来龙去脉有透彻的掌握。

"我比较欣赏外国博物馆做的教育计划，每年培训美术老师，把博物馆的内容融合在教学中，或者培训学生。我们的App如果有了一定数量的积累，完全可以跟学校的通识美术教育结合，现在学校的硬件条件很好了，每一个App的内容完全可以是一堂课。"李琼说。

数字化把故宫博物院与观众生活联系起来，让人不用去故宫也可以欣赏藏品、获取知识甚至发生互动。在未来故宫博物院甚至希望不但能走出紫禁城，还可以到线下的观众群中去。李琼说，《韩熙载夜宴图》App的发布会上，故宫请来了台北的汉唐乐府团队，背后是LED屏幕和搭造的实景，前面是真人表演，现场的感觉很好。所以，故宫希望把这种形式做成巡演。

这变成了一种全媒体的形式，演出的地点不会选择需要买票观看的剧院和小剧场，而是计划在比较热闹、比较潮的大型商业中心广场、中庭，完全是种时髦的形式。也不局限于表演，会加入观众体验和互动的环节。

　　"人们现在已经习惯了西方的手卷全部打开放在玻璃里的方式，不知道中国传统里手卷绘画是从右往左看，在开合间讲故事。我们会做出仿真的复制品，跟数字技术相结合，让人既看到东西，还能和屏幕互动。"李琼说。（撰文：杨璐）

《韩熙载夜宴图》（局部）

2

盘点：接力完成的藏品总目

　　2013年1月1日，故宫博物院正式公布藏品总目。这在国内大型博物馆中算得上是里程碑式的事件。180.7558万是个缺乏传奇感的数字，不过，对于数据考据癖而言，它具有近似于"π"的魅力。事实上，如同数学史上的圆周率一样，故宫的藏品总目也是历经数代考据整理的结果，整个考据过程堪比一场悠长的马拉松接力比赛。

当俗称为"国宝大调查"的第一次全国国有可移动文物普查正式开始之际，向来被视为"国宝"代名词的故宫馆藏自然会受到额外关注。尽管与"国宝"原有的"国之宝器，即祭天地诸神宝玉之类"或传国重器等含义有所差异，但因为历史上属皇家收藏，故宫拥有的藏品也确实与民间泛称的"极其珍贵的文物"不同，它因体现了中华文明一支独特的"天府传承"而具有特殊的经典意味。

　　同样因其特殊的影响力，故宫经常与意味特别的数字相联系。民间传说的"99间半"就是典型的例子。"99间半"实际上是相传故宫有9999.5间房的简化

（清）金镶珍珠天球仪

说法，虽然这与故宫博物院统计的8000余间有不小的差距，却因为可以与术数中天帝所住的紫宫相联系而一直被传说至今。

2013年1月1日，故宫博物院正式公布藏品总目。这在国内大型博物馆中算得上是里程碑式的事件，对于第一次全国国有可移动文物普查也具有特别的价值。虽然与"99间半"相比，180.7558万是个缺乏传奇感的数字。不过，对于数据考据癖而言，后一数字才具有近似于"π"的魅力。事实上，如同数学史上的圆周率一样，故宫的藏品总目也是历经数代考据整理出的结果，整个过程堪比一场悠长的马拉松接力比赛。

（清）錾胎珐琅象

藏品多少的纠结

提及故宫的藏品，经常最纠结的两个问题是：故宫里究竟有多少宝贝？故宫与台北故宫博物院到底谁的宝贝更多？第一个问题其实已经在此次的藏品总目中找到了详细的答案。故宫藏品的准确数字为：25大类180.7558万件[①]，其中珍贵文物168.449万件、一般文物11.5491万件、标本7577件。至于第二个问题，如果不了解故宫藏品沿革与清理的历史，即便知道了数字也很难客观理解数字背后的含义。

易培基

累计起来，这已经是故宫第五次进行藏品清理。历史上，故宫博物院曾在 1924—1930 年、1954—1965 年、1978 年至 20 世纪 80 年代末及 1991 年之后分别进行过 4 次藏品清理。

1924 年 11 月，溥仪被驱逐出宫后，由李石曾担任委员长的"清室善后委员会"即组织开展大规模的物品点交，为 1925 年 10 月故宫博物院的成立奠定了基础。此后由故宫博物院继续主持清点，时任故宫院长易培基。清点至 1930 年 3 月基本结束，其间公开刊行《故宫物品点查报告》6 篇 28 册，共统计物品 9.4 万余号、117 万余件。当时宫中仓储物品甚多。例如，茶叶就有 7 个库房。故宫后来对金砂、银锭及部分茶叶、绸缎、皮货、药材、食品、布匹等进行了公开处理。当时的人们很难预料到，这种"存"与"弃"后来会成为故宫历次藏品清理都要面临的问题。

[①] 截至 2019 年 11 月 16 日，故宫官网给出的藏品数量是 1 862 690（套／件）。——编者注

在著名的南迁过程中，由于当时特殊的背景，故宫第四次常务理事会会议作出决议，于1934—1937年对故宫暂存上海的藏品进行了一次逐件点收登记，这次清点的结果被油印成《存沪文物点收清册》，后来成为故宫南迁文物的原始清册。故宫北平本院从1934—1943年2月曾停止开放5年半，先后对留院文物进行了一次点收，总数为9.37万号、118.9万件。

此次清理还对以前未经点收的各宫殿庭院内的陈设品进行了编号登记。1945年，《留院文物点收清册》问世。1933—1952年，马衡任故宫院长，历时18年。如果从1924年受聘于"清室善后委员会"、参与点查清宫物品算起，马衡在故宫工作了近30年。1934年，在呈行政院及本院理事会的报告中，马衡曾明确指出，文物藏品整理"非有根本改进之决心，难树永久不拔之基础"。这种信念后来成为故宫的传统之一：在故宫的历史上，只要工作秩序正常，这种清理就从未停止过。

1954年起，故宫分两个阶段开始了第二次全面藏品清理。第一阶段是1954—1959年，主要是清理历史积压物品和建立文物库房，先后共处理各种"非文物物资"70万件又34万斤，同时对全院库藏的所有文物参照1925年的《故宫物品点查报告》和1945年的《留院文物点收清册》逐宫进行清点、鉴别、分类、挪移并抄制账卡。这一阶段的整理中，从次品及"废料"中清理出文物2876件，其中一级文物500余件。第二阶段是1960—1965年，这五年中对故宫藏品进一步鉴别划级，编制了《院藏一级品简目》。

第三次大规模清理发生在1978—1988年。1978年，故宫恢复保管部建制，重新制定了《库藏文物进一步整理七年规划》和《修缮库房的五年规划》。此次清理的难点是实物、账卡、单据上的混乱，先后用了近10年才宣告

马衡

20世纪 50 年代末，吴仲超（中立白衣者）与时任民主德国驻华大使等参观德国艺术展（姜伟摄，中新社供图）

完成。1954年赴任的故宫院长为吴仲超，这也是新中国成立后的首任故宫院长。吴仲超于1984年10月去世，这位院长主持了故宫两次藏品清理，可惜没有看到第三次大规模清理的结果。

1987年，张忠培出任故宫院长。在他任职后，故宫用6年时间分两期建成了一处面积为2.1万平方米、有相应的湿度和温度控制设施、可以保存约65万件文物的现代地下库房。

从1991年起，当时院藏珍贵文物的60%从地面库房搬向地下库房，总共耗时10年。库房的迁移和调整几乎波及所有藏品，第四次藏品清理顺理成章地同期进行。此次清理后公布的在账文物数目为"94万余件"，但这仅指当时故宫博物院按照《中华人民共和国文物保护法》（以下简称《文物保护法》）而认定的一、二、三级珍贵文物。

张忠培（子杰、文彬摄）

　　作为故宫历史上任期最短的院长，张忠培主持了地下库房与种种规章的建设，却无缘为第四次藏品清理的结果剪彩。

　　张忠培1991年9月卸任后，故宫经历了长达11年没有院长的时期，这种情况一直持续到2002年10月10日郑欣淼上任。郑欣淼的任期延续至2012年1月10日，随后由单霁翔接任。

　　回顾在故宫的10年，郑欣淼用"敬畏"与"难以割舍"来形容。第五次藏品清理始于2004年，终于2010年。此次清理的肇始，除去为当时即将进行的故宫大修清理地面库房外，很大程度上还基于2003年10月郑欣淼提出的"故宫学"。依据故宫学理论，将"院藏文物、古建筑和宫廷史迹这三方面作为互相联系的整体来研究"成为最能体现故宫特色的研究之一。

　　第五次藏品清理充分体现了"完整保护人类文化遗产"的理念。2万余件曾被认为"艺术水平不高"而未系统整理的帝后字画、4万多通明清尺牍、约40万件曾属故宫图书馆保管而未归为"文物"的古籍善本以及20多万块珍贵书版、

郑欣淼

单霁翔（张赫摄）

13万枚清代钱币、因略有伤残而划为"资料"的3800多件陶瓷资料、20世纪五六十年代从全国100多个古窑址采集的3万多个陶瓷标本、近千件清代戏装的盔头鞋靴、83件"样式雷"建筑烫样，诸如此类一大批藏品都在此次清理过程中被纳入文物管理序列，故宫原有的94万余件在账文物（指珍贵文物）由此增加至2010年底的180.7558万件。

此前还曾有"故宫藏品150万"的说法，这一说法源自郑欣淼2008年8月出版的《天府永藏》。关于这一数字与2010年统计数字的差异，郑欣淼的解释是："《天府永藏》所公布的数字截至2006年6月底。当时，我院藏品清理工作正在进行之中，94余万件在账的珍贵文物的数字尚在核对之中，新整理的文物、古籍文献类藏品、古建类藏品以及作为资料管理的'一般文物'等均未整理完成。两者相比较，差异主要体现在新纳入文物管理序列的藏品以及资料的整理和'升格'。"

从"天字第一号"到"故00000001"

即便认可"180.7558万"在数量级上的震撼力，倘若不了解藏品总目的编纂规则，仍会如同槛外人一样只因圆周率的无限数列而眼花缭乱，无法领略计算过程中"割之弥细，所失弥少"的美感。何况"藏品编号"是此次故宫公布藏品总目中一项重要的"解密"内容，因为以前故宫的藏品普通公众只能查询名称，藏品编号一直保密。

故宫博物院院长助理兼文物管理处处长娄玮说："1955年，故宫博物院在前期大量清理工作的基础上，制定了《故宫博物院文物分类大纲》。本次藏品清理过程中逐步确定下来了25大类的划分方法，每类下分细类；级别分为珍贵文物（一级文物、二级文物、三级文物）、一般文物和标本。"

提及编号，"天字第一号"是又一则与故宫相关的经典故事。1924年，"清室善后委员会"进入故宫点查清宫物品。点查方法以宫殿为单位，由入口左侧起逐件编号、依序登录。因清宫殿堂众多，"清室善后委员会"遂将各宫殿按"千字文"编号，如乾清宫为"天"、坤宁宫为"地"、南书房为"元"、上书房为"黄"等。在"清室善后委员会"《故宫物品点查报告·第一编第一册乾清宫卷一》中有记载："天字一至二，二层木踏登二个。"这就是传说中"天字第一号"的木板凳。

然而，在2013年初公布的藏品目录中，位列"故00000001"的是一尊"'石叟'款铜嵌银丝观音菩萨立像"。不过，这尊观音立像能位居榜首，在偶然性上也并不亚于当年的木板凳。据娄玮介绍，现行的故宫博物院藏品总登记号（指珍贵文物）分"故字号""新字号""书字号"三类，均自1号开始，顺号登记。

藏品总登记号是藏品的永久性号码，具有唯一性。1949年以前，故宫旧藏文物登记号一直沿用"清室善后委员会"《故宫物品点查报告》所使用的"千字文"字头老号。1962年，为了便利院藏文物的查账核对，将"凡院藏文物的旧藏部分和1949年以前新收部分，一律并编'故'字"。1962年各库组按类别分别建立"故字号分类账"，以各库组完成建立"故字号分类账"的先后为序，由保管部总保管组（现"文物管理处"的前身）发放"故字号"。原使用的"千字文号"在"故字号账"中登记在"参考号"栏。当时，保管部金石组的雕塑库首先完成建账，所以"故00000001"，就是"'石叟'款铜嵌银丝观音菩萨立像"。

至于"新字号"，其实并非望文生义地启用自此次藏品整理，事实上，它的启用时间甚至早于"故字号"。娄玮介绍说，"新字号"启用于1954年8月，当时新收国内外礼品太多，所以启用新的编号，决定凡"新中国成立以后的新收部分一律并编'新'字"。

"新"字号不分类别，以入院先后为序，自1954年8月之后新收文物从"新00000001"开始编号。其中，将"新00140001～新00149999"号段限用于1949年至1954年8月征集的文物。"新字号"文物中不排除原清宫文物，比如溥仪典当给银行的物品、溥仪赏溥杰的物品等。至于"书字号"，那倒是本次清理新出现的给"古籍类"藏品的贯号。

"资字号"则是针对故宫的"资料藏品"（依照《文物保护法》指"一般文物"）的编号，故宫制定有《故宫博物院资料文物编录办法》：资料藏品信息的编目"均以'资'字头，后依资料藏品类别及细类进行具体排序。均自'资（类别及细类）1'号始，顺号登记，至本类资料藏品结束"。公布总目时，每类藏品的目录都按照先"故"字号、后"新"字号，再"资"字号的顺序排列。

总目中偶然会出现诸如"资青铜00000595木座"这样将木盖与木座归入"铜器"分类的情况。娄玮说："这些木盖和木座原来集中存放在我院延禧宫库房，原为铜器、陶瓷等文物的盖或座，已与文物本体分离。为了准确统计全院藏品数字，并便于将来的核对，只能暂且将尚未'合璧'的一些木座列入'资铜器'类藏品。将来核对明确的，归入铜器主体文物附件，最终仍旧不能做到对应的，经研究后再归入其他文物类别。"

诸如铅笔与钱币这样容易出现重复的"复件"的藏品，故宫在《藏品管理规定》的附件二《藏品单位计数法》和附件三《复件藏品登记法》均有相应的规定。铅笔的计数按照《藏品单位计数法》的规定，"藏品计数以不可分割的单位作为一个计数单位。对成组、成套、成册不宜分散的文物给一个登记号，作为一个登记单位。成组、成套、成册中的每一个单位给以分号，以分号为计数单位"。

因此，如"故00179196-117/125铅皮铅笔""故00179196-118/125铅皮铅笔"这样被赋予分号的"铅皮铅笔"是因为它们本身成组、成套，可能之前集中存放在一个盒子里或者成捆保管，失去任何一支都会损伤它们整体的价值。而拥有单个文物号的"故00179207日本制木杆红笔"则是因为清点时属于独立个体，

（明末清初）剔红有束腰带托泥宝座

与其他铅笔没有密不可分的关系。故宫的钱币藏品重复品较多，其中13万件为各省钱局呈进的库储钱，年代包括乾隆至光绪各朝，共计130缗，一缗千枚，每百枚为一节。

依据《复件藏品登记法》"二、三级藏品，在五件以内的，逐件登记，每件一个登记号。超过五件，不论多少，合登一笔，给一个登记号，每件另给一个分号即计件号"的规定，同一种的钱币给一个总号，每件给分号，比如"雍正通宝"1000件，就编为故271451-1～1000/1000。

至于残片标本类的藏品，故宫《藏品单位计数法》中也有规定，"残件无法成整但有收藏价值的，同样作为一个登记单位与计数单位"，"资玉器00001573玉残件等""资玉器00001589宝石米珠等"均无法成整，遂以"包"为计数单位，账目备注残散件数。

此外，如同当年的"天字第一号"和如今的"故00000001"一样，故宫藏品的编号并不存在"优先号段"之说。原属国子监、古物南迁北返后由故宫收藏、后来有故宫"镇馆之宝"之称的十块秦石鼓或许是少有"抽签"到"好号段"的一例。依据故宫藏品管理分类，十块秦石鼓归入铭刻类，编号自"故00000991"至"故00001000"。

作为整体的故宫

对于数字癖来说，《天府永藏》中对于各种数据近于偏执的考据可谓一场饕餮盛宴。在初步解决故宫藏品总量问题的同时，书中也对两岸故宫博物院的藏品进行了综合考证：运台文物约60万件，其中清宫档案文献38万件（册），善本书籍近16万册，器物书画5万余件；加上抵台后征集的文物，总计65万余件。故宫原有明清档案800万件，善本特藏50多万册（件、块），器物书画100万件，总计达960万件。1980年明清档案划出，成立中国第一历史档案馆；又将包括部分宋元版书在内的14万册宫廷藏书拨交国家图书馆及一些省市和大学图书馆。1949年后征集文物24万多件，现故宫80%以上仍为清宫旧藏。

至于民间流传的"精品都在台北故宫博物院"的说法，书中同样进行了详尽的考证。台北故宫博物院一些种类的藏品的确精良很多，但在涵盖面与系统性上却不及故宫。在宫廷类文物藏品方面，故宫更是占尽"地利"优势，拥有从代表皇权的典制文物到皇家日常生活用品文物的大量收藏。比较典型的一个例证是：台北故宫博物院保存有数千张清宫老照片，而照片的玻璃底版却留在了故宫。

原故宫博物院院长郑欣淼认为，两岸故宫博物院的收藏本来就是一个整体，有着很强的互补性，此次全面藏品清理最重要的意义在于"对文化遗产的抢救，为今后可能的研究留下素材"。历次故宫藏品清理都耗时约10年。郑欣淼坦言，2004年开始清理时，他也不清楚这项浩大的工程能否在自己的任期内完成，但是，"这件事不能突击，博物馆有博物馆自己的规律"。

或许也是出于某种"博物馆自己的规律"，故宫藏品总目正式向社会公布是在2013年1月1日，涉及18大类，约65万余件藏品。提及接任的单霁翔，郑欣森诚挚地表示充满敬意，因为他做到了"有总目就该公布"这样一件看似普通但在全国大型博物馆中尚属首次的"壮举"。

单霁翔将"公布总目"的意义定义为：首先，公开总目需要对文物藏品的"账、卡、物"进行大量的核对工作，能够提升博物馆工作人员的业务水平、完善藏品管理机制；更重要的是，公布藏品目录可以充分发挥博物馆的服务社会功能，有利于博物馆接受社会公众的监督，是对国家、民族负责任的表现，具有"以昭公信"的意义。

需要单霁翔接力完成的远不只是"公布总目"这样一个抉择。倘若细心可以注意到，在2013年1月1日公布的总目中，包括绘画与陶瓷这两大广为人知的藏品在内的七大类藏品都没有出现。

单霁翔解释道："尚未公布的七大类藏品为绘画、法书、碑帖、陶瓷、漆器、古籍文献和古建藏品。这七大类藏品虽然都已完成了账物的核对工作，实现了账目的清晰，但尚难达到公布总目的要求。一方面是博物馆自身工作严谨的需要，另一方面也是为了尊重社会公众，为公众提供更加准确的信息，我院制订了分批公布的方案。"

藏品总目在故宫官网上出现，也显露出故宫自1998年开始创建的硕大的文物管理信息系统的冰山一角。在技术手段上，故宫第五次藏品清理也与前四次有显著不同，首次应用了文物管理系统的信息化支持。对于文物的保管和研究

（明中期）剔红山水人物二层提匣

而言，这一文物管理信息系统可以将院藏文物的账目管理、库房管理、文物修复管理以及展览信息、文物利用信息都直观、实时地反映出来。对于普通公众而言，有这样一个巨大数据库的存在，其价值不亚于一座大型图书馆。

然而，目前官网上的藏品总目还没有检索功能，也没有与官网原有栏目"数字资料馆"中已经建档的藏品建立链接。对于这一疑问，单霁翔的回答是："公布藏品总目的系统是一个需要单独开发的应用平台，后台系统较为复杂，目前的功能仅能提供账目单，不过升级改造已经纳入工作计划。'数字资料馆'是我院网站编辑为方便观众赏析藏品精粹而设计的一个栏目，设置藏品分类时完全从便于观众理解和接受的角度考虑，与我院藏品的管理体系无关。另外，设计此栏目时尚未涉及公布藏品总目的问题。将来，应当可以通过技术手段，以'文物号'为连接点，将'数字资料馆'中的文物信息较为便捷地与'藏品总目'进行链接，但有些细节问题还需要我们认真研究。"

留待单霁翔接力完成的还有一项浩大工程。早在2004年的《关于故宫博物院彻底清理文物藏品的研究报告》中，郑欣淼就提出："在认真清理的基础上，适时编印《故宫文物藏品总目》并向社会公开发行，使世人了解故宫藏品的奥妙，更好地为人们的观赏、研究等不同需要服务，也利于社会的监督。"

首批故宫藏品总目公布之际，《故宫博物院藏品大系》也已出版37卷。单霁翔表示，故宫将把180万件藏品按照15：1的比例遴选精品，出版26编、500卷的《故宫博物院藏品大系》，这项工作预计将持续15～20年。

也许是得自几次大工程的经验，故宫似乎已经很习惯"10"与"20"这样的数量级单位。故宫大修也是如此，始于2002年，预计在2020年完成。对于故宫这个历经近600年、拥有8000余间房屋的"大宅院"来说，18年的工程只是个微不足道的数字；同样，对于故宫里的180.7558万件藏品来说，20年乃至30年也只是恒河一沙的一个轮回。

然而，当数字变成现实时，数字本身也会升华，恰如当"π"化身为圆。归根结底，数字与传奇原本并行不悖：传奇止于数字，而数字又缔造新的传奇。故宫藏品总目的悠长接力，其实已经比"天帝""紫宫"之类更接近传奇。

（撰文：王星）

3

回顾：故宫文物南迁、西迁记

人类历史上罕见的文物迁徙，艰苦卓绝。

1924年11月5日，冯玉祥部下带兵进入故宫，将溥仪驱逐出宫。随后，国民政府成立故宫博物院，任命易培基为院长。

九一八事变后，日军占领东北逼近华北，平津形势危急，故宫博物院内部开始有了将文物南迁之议。院长易培基和秘书长李宗侗翁婿二人是南迁坚决的拥护者，他们认为土地失去可以再夺回来，国家亡了可以再恢复，但这些古物一旦损坏却是永远不可挽回的。

而舆论几乎是一边倒地反对，包括北平军事长官宋哲元、故宫博物院兼任秘书吴瀛等。主要理由一是"守土有责"，不能放弃文物；二是认为若故宫文物南迁，北平这座文化历史名城将名存实亡，且价值连城的文物安全也很难保证。

北平政务委员会甚至出现过要将文物拍卖，以"充国家抗敌御敌之资"的声音。最终易培基争取到张学良的支持，经多次斡旋，1932年11月在国民党第四届三中全会召开前，南京国民政府行政院同意了关于文物南迁的故宫重要文物议案。

易培基与张学良在香山碧云寺晤谈了一整天，商讨南迁的具体方案。在易培基具体指挥之下，经过两个多月的清点、装箱工作，从几十万件故宫馆藏中精选了20多万件珍贵文物装箱，共13 427箱又64包，其中包括历代名人真迹、字画和器具以及图书文献等。

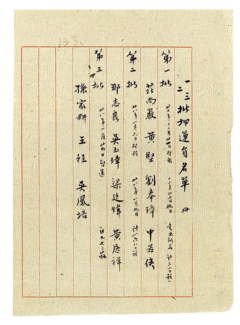

故宫文物南迁押运名单，起草于民国三十七年

太和门北望太和殿，五人合影居中者为吴瀛。吴瀛1924年受聘为清室善后委员会顾问，参加清点故宫文物

1933年2月5日夜间，张学良安排了严密保安，故宫至天安门、前门的长街上都实行了戒严，文物用小推车推至前门车站，第一批2118箱，共21节车厢，准备运往上海。"易培基身披斗篷，在太和殿前指挥。"

然而，反对南迁的声音从未停止。在即将出发的紧要关头，又生曲折。当夜，北平学生被有心人士煽动，聚集于前门车站，采取卧轨的方法欲阻止文物南迁。情急时分，张学良亲自出面劝说学生，才得以令列车放行。

一度踌躇不定的吴瀛，在易培基多次苦劝下允诺出任总押运官，率第一批南迁古物出发。在他看来，"这个'青面兽杨志'的任务，比生辰纲重要得多，声势相当显赫"。

运输专列避开日军狙猎的津浦线，先走平汉、陇海线，再转津浦线。故宫博物院对南迁的行程实行了严格保密，除此之外，为确保南迁文物安全，在车

故宫文物准备南迁装箱

顶四周各个车口都架起机关枪，各车厢布置了荷枪实弹的武装宪警。

列车所过之处，地方军政长官均派武装马队于专列两侧接力奔跑，在土匪活动猖獗的江苏徐州一带，铁路两侧的壕沟里更是布满了高度戒备的军人，为专列提供保护。

日本关东军对这批珍宝文物觊觎已久，在运送过程中一直在打听文物下落。关东军司令本庄繁曾派特务去北平侦察，企图在文物南迁途中设法派飞机轰炸，因未能得到故宫文物的任何准确消息，本庄繁的轰炸计划化成泡影。

文物原拟运到南京，但因南京文物保存库尚未建成，南迁文物首先到达上海，储藏在租界的临时仓库内。3月中旬第二批文物运送开始，直至5月，故宫文物分五批运送完毕。就在第五批文物准备运送出宫时，故宫博物院院长易培基被控利用故宫宝物南迁"侵占、盗卖古物"，国宝南迁戛然而止。

时至秋天，当确认第五批宝物已在著名瓷器和青铜器专家吴玉章的押送下安全南迁后，易培基及其女婿李宗侗分别辞去了各自职务。易培基1937年在上海含冤辞世。

1934年1月，马衡接替易培基出任院长一职，继续主持文物大迁徙，并采用科学方法对文物进行保护。马衡到达上海后对文物进行清点，编印了《存沪文物点查清册》。

1936年8月，南京朝天宫库房竣工，同年底，暂存上海的文物陆续运抵南京。然而故宫文物的辗转之路远未止于此。

1937年7月全面抗战爆发，平津迅速沦陷，危及南京，刚来南京不到一年的文物将再次上路：南京政府下令要求文物紧急装箱，伺机西迁。

第一批文物于8月14日在马衡的监护下迁离南京，沿长江至武汉，后由陆路至长沙，存放于城郊湖南大学图书馆。从英国展览回来还未拆箱的80箱珍贵文物也同批西迁。这批文物中包括甲骨文、钟鼎、碑拓，还有范宽的《溪山行旅图》、李唐的《万壑松风图》、吴道子的《钟馗打鬼图》及张择端的《清明上河图》等一些名家字画及书法等旷世珍藏。然而南京失守，日军

故宫文物在南迁途中

进逼长沙。

1938年春，得到批准后，文物走陆路开始向西南方迁移，行政院指定文物车队绕道桂林以避开湘西一带土匪，再由广西转向贵州，最后安置于贵州安顺的华严洞，并成立故宫博物院安顺办事处。文物刚刚离开长沙，日军飞机便炸毁了湖南大学图书馆。6年之后，1944年豫湘桂会战，桂、柳失守，危及贵州，这批文物又于当年12月迁至四川巴县（现为重庆市巴南区）飞仙岩。

第二批文物于1937年11月20日从南京出发，经津浦路到徐州，再经陇海路到郑州、西安，再转宝鸡，最后经汉中至成都。这批文物主要包括故宫馆藏书画和玉器，共7000多箱，以及古物陈列所、颐和园、国子监的文物共7286箱。

这批文物的迁移一波三折，途中于郑州曾遇日军飞机轰炸，运送文物专车开入一个废旧货场才得以幸免。汉中至成都由于天气恶劣，路况险峻，当时有一段山岩栈道虽长1公里，来回传递一趟文物却需要两三日，这段运输前后花了10个月时间，直到1939年3月才完成。又因成都当地气候潮湿，多雨多雾不利于文物保存，且邻近重庆，7月，这批文物又从成都开始往峨眉山深处搬迁，藏于万年寺藏经阁的大殿中，同时故宫博物院峨眉山办事处成立。

在第二批文物西迁的同时，第三批也在南京陷落前四天通过一艘英国轮船"黄埔"号离开了南京。第三批是西迁文物中数量最大的一批，以陶瓷器为主，不仅有商周、西周陶器，还有隋唐时期的白瓷和三彩陶，另外还包括巧雕和文玩精品。

1937年12月9日，雨夜中的浦口码头，满载故宫国宝的"黄埔"号，搭载着一群无助的南京市民，驶向汉口。预备经汉口转向重庆的文物，由于重庆情势危急，接令转向乐山。途中经宜宾时，运输船发生故障，接驳船只未安排到位，为保证安全，只好将文物暂存于宜宾真武山下的山洞里。最终历经艰险于1939年8月中旬至9月中旬将文物水运至乐山，存放于茶溪附近的山洞里，并成立故宫博物院乐山办事处。

整个文物分五批南迁、三批西迁，整个过程需躲过日军的轰炸、土匪的拦截、虎狼的威胁、道路的险峻、特务的跟踪等千难万险。在运送过程中，故宫职员在参与文物保护的同时，还要展开清点、索引编目工作，以保证文物数量无一疏漏。他们之中有为文物献身的，也有蒙受不白之冤的。特别是文物西迁的过程辗转曲折，且意外频发。

第二批文物存放于重庆时，因木板不堪重负坍塌损坏两件文物；1937年12月，在宝鸡火车站运输至临时仓库途中，又因火车相撞祸及运输车辆，致使一箱黄瓷宫碗和一箱钟罩损坏；文物经由重庆转至乐山途中，故宫职员朱学侃在察看舱位大小时，失足跌入舱口内，重伤身亡，成为文物迁徙过程中牺牲的第一人。

抗战胜利后，三批西迁文物均运往重庆枇杷山。1946年1月，所有西迁文物在重庆集中装车装船后，踏上了"东归"南京的旅程。直至1947年11月，当年从北平运出的珍贵文物在各省流落长达14年后，终于集结于南京。（撰文：龚融）

参考文献：

唐正芒：《抗战时故宫文物的南迁西移》

2010 年 9 月 26 日，"故宫文物南迁史料展"在故宫神武门展出

4

你所不知道的故宫

　　故宫博物院是依托于明清两代的皇宫。它既是中国历代艺术品博物馆，又是一个中国古代建筑博物馆，同时是一个世界遗产遗址，还是一个特殊的原址保护、原状陈列的博物馆。这种多重身份决定了故宫的特殊性，但长期以来，我们对古建筑的重视却不够，一贯重文物轻建筑。

故宫的家底

2005年，参观了故宫的台湾学者李敖"忏悔"道："过去我说大陆故宫有宫无宝，台北故宫有宝无宫。我认为我错了，要为此忏悔。"

在1924年清逊帝溥仪被逐出紫禁城时，宫内许多最珍贵的文物被溥仪带走，并就此流失。此后在1949年国民党政府败退台湾地区时，存放在南京的许多故宫南迁文物精品被运往台湾也早已是尽人皆知。有些国家领导也曾经问过，两岸故宫博物院的宝贝到底哪个更多？时任郑欣淼院长认为，总体上，还是我们的多。但他强调："最重要的问题，其实并不是非要两岸故宫博物院比出一个高下，而是要弄清楚故宫的旧藏，搞清我们的家底。"

其实早在"清室善后委员会"开始直至1925年10月10日故宫博物院正式成

长春伪满皇宫"小白楼"

立，故宫就开始边对外开放边清点文物藏品，同时整理出版藏品目录。1930年3月基本清查结束后，当时编纂的6编28册《故宫物品点查报告》中，总共登记了117万余件物品。除了1949年运往台北的故宫南迁文物，台北故宫博物院后来还收集了5万多件文物，总数达到了65万件。

"台北故宫博物院的文物虽然有65万件，但其中38万件是故宫的院藏清宫档案，17万多件是旧版图书。"经过郑欣淼这样解释，台北故宫博物院除却档案和图书之外的文物应该在10万件左右。

两岸故宫博物院的收藏后来都有了大幅度的增加。尤其是故宫博物院，在20世纪50至80年代，先后接受了大量国家机构和个人的丰富收藏。时任故宫博物院副院长肖燕翼提到，中华人民共和国成立后，故宫也从其他博物馆和文物部门调来了不少文物，其中不乏珍品。"比如北宋张择端的《清明上河图》，新中国成立前流落在东北，中华人民共和国成立后被辽宁博物馆收购，价格好像才6万港币。后来一纸调令，从辽宁博物馆调到故宫。至今《清明上河图》上还有辽宁博物馆的印章。"

中华人民共和国成立后故宫文物的流动其实是个双向的过程。肖燕翼说，"在承德避暑山庄、沈阳故宫和国内其他一些博物馆，新中国成立后都有大量故宫文物被调拨去充实馆藏。"1973年10月肖燕翼被分派到故宫工作，11月院里派给他的第一个任务就是随车押运故宫调拨往承德避暑山庄的文物。

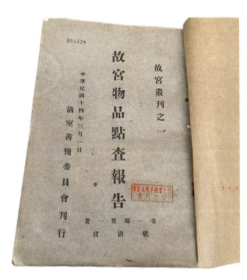

《故宫物品点查报告》

"那个时候承德正在恢复，基本没什么东西。当时运输文物还是用的老式大卡车，一路颠簸需要8个小时。我们有个老院长杨伯达，他负责挑选文物，我只是点数和装箱。"肖燕翼说，"你现在看到的承德（避暑山庄）陈列的文物都是从故宫调拨过去的。因为在过去，无论紫禁城还是避暑山庄，都是皇帝的家，许多文物当时本来就是调来调去的。"

由于宫廷藏品及遗物繁杂的数量，存放的杂乱以及藏品不断流动和增加，故宫博物院的文物清理工作至今仍在继续之中。20世纪80年代，原明清档案馆部划出了800万件档案给中国第一历史博物馆。

这栋在20世纪50年代修建的钢筋混凝土仿古建筑就在西华门内的故宫西墙内，正面临被搬离的探讨。数百万件清代文档中的绝大多数在20世纪初几乎要被化为纸浆。完全是因为许多社会有识之士的强烈呼吁，才最终得以保留。不过除了图书和档案之外，故宫上百万件馆藏文物在数量上还是远远超过了台北故宫博物院。

故宫不少专家试图澄清长久以来的一个误解，那就是在一般人的概念中，文物往往被认为是古玩。过去故宫大量重要的宫廷藏品和档案从未被列为文物。郑欣淼认为，这个文保工作中长期存在的狭隘观念多年来带来了很多教训。

"比如故宫图书馆善本特藏已建账图书有19.54万册，此外还藏有20余万块珍贵的印书用书版，这40余万件本来应该全部列入文物账目进行管理。故宫至今仍有10余万件被称为'文物资料'的东西，比如2.6万件清代帝后书画，过去一直被认为量大质不高而被列为'资料'。还有清代'样式雷'制作的'烫样'（建筑模型）。这些宫廷藏品不但本身具有重要的历史价值，对于故宫未来的修复也起到重大作用。此外还有皇帝的头签、皇后字画等，过去都没有列为文物，而是作为宫廷遗物。现在我们对文物的观念已经扩大到文化遗产，因为它们也是历史的见证物，也应该保留。"

郑欣淼特别提到故宫一件荒唐的历史并感到惋惜，"有一件事情说起来很典型。过去故宫有一个乾隆皇帝的马鞍子，上面镶有一个精美的钟表。后来我们把钟表挖下来安置在钟表馆，然后把马鞍子扔掉了。"

"过去故宫不重视古代宫廷文化。以前院里在账文物有90多万件，对外号称百万件。现在终于开始对宫廷文化重视起来（过去叫作宫廷物品）。这样算起来，一下子就多出来50万件文物。"肖燕翼说。

虽然故宫文物的数量多于台北，但是精品是否真的都在台北呢？有趣的是，台北故宫博物院早已评出了院藏"十大珍宝"，此外，网络上由观众评选出的民选"十大珍宝"也已出炉。

　　而正如肖燕翼所言，故宫至今没有评过所谓的十大国宝。"我们按照新《文物保护法》，将文物分为四级。一级文物就是通常说的国宝了。但是我们这里国宝级文物太多，的确很难挑出所谓十大。"

　　郑欣淼用这样一个例子来解释其中的困难："比如我们馆藏有15000多件青铜器。可以说全世界出土的青铜器，1/10都在故宫。就在这里面挑出10个都很困难。"

乾隆仿古铜彩牺耳尊

皇宫还是博物馆：保护和展示的两难

对于任何一个博物馆，150万件文物都是令人羡慕不已的数字。然而故宫却面临着文物保护和展览上的两难。在两岸故宫博物院的比较中，时任郑欣淼院长提到这样一个容易被忽视的差别，那就是台北故宫博物院其实是一座在1965年才修建、专门用于文物收藏和展览的博物馆。

与之相比，故宫作为一个博物馆却非常特殊。"故宫博物院是依托于明清两代的皇宫。它既是中国历代艺术品博物馆，又是一个中国古代建筑博物馆，同时是一个世界遗产遗址，还是一个特殊的原址保护、原状陈列的博物馆。这种多重身份决定了故宫的特殊性，但长期以来，我们对古建筑的重视却不够，一贯重文物轻建筑。"

每年迎来800万游客和约40批次的国家元首的故宫博物院，在某种程度上已经成为中华传统文化象征之一。北京城实际上就是按照故宫的中轴线建立起来的。明清两代24个皇帝都曾经生活在这里，数百年来，紫禁城的建筑虽一直小有变化，但却基本保持了数百年前的初建格局。

郑欣淼非常着意于强调故宫博物院远非一个博物院或是一个皇宫建筑群那么简单："它拥有约150万件文物，其中85%是清宫旧藏，而这些文物与故宫的古建筑密不可分。故宫的很多建筑都有故事、有历史，它往往是一件文物的依托。比如三希堂。虽然只是一个普通狭小的阁子，没有它那三幅字画也还是很有文物价值。但三希堂原址所赋予这三幅字画的历史意义却不限于字画本身。正是在这个基础上我们提出了故宫学。"

与台北故宫博物院相比，故宫博物院具有郑欣淼所提到的原址和原建优势，但故宫博物院具备的多种角色却一直未能平行发展。"对于故宫的认识一直存在着一个误区。国内大家都知道故宫，但国外只知道紫禁城。作为一个博物馆，故宫的知名度其实远远不如旧皇宫（紫禁城）。"曾任中国历史博物馆馆长的故宫博物院常务副院长李季认为，故宫博物院和紫禁城这两个角色之间的矛盾难以避免。

"我们设想，观众来到故宫应该看到两个东西：第一个是明清皇家宫殿，第二个就是馆藏文物。如何解决古代遗迹的保护和改善展览条件这两个矛盾，这个问题从80年前故宫博物院建院一开始就在讨论。如果用闲置的宫殿建筑办展览，中国古代建筑固有的特点造成的困难有时候不可能得到解决。"

故宫博物院主任、高级工程师石志敏说，故宫对于古建筑展览主要采取两种形式：第一种是原状陈列，人可以看但不能进入；第二种是作为可参观的展室。

通过在国家博物馆的工作经历，李季认为故宫在进行原状陈列方面具有优势。"过去我们进行明清文物展的时候，很多钱都用在背景上。但是故宫本身就是一个古代宫殿，具有很好的环境气氛和背景，不需要专门做假布景。"

然而在文物展览方面，中国古建筑自身固有的问题很难给观众提供良好的参观环境。"故宫房间的隔窗间隔都很大，对于冷、热、风、尘等许多问题很难解决。不但不利于文物的展览，也没有办法给观众一个很满意的参观环境。"

李季谈到故宫在这方面曾经走过弯路，比如把某些宫殿内装修拆了做展厅。"现在这方面我们有些进步了。比如钟表馆，也就是原来的奉先殿，不但完全保存了过去的样子，还让现在的灯光和原装修融合在一起。大家普遍认为这种做法比较和谐。"

和国外博物馆主要以土石为结构的建筑相比，中国古建筑主要以土木为结构的特征是无法改变的。李季认为，钟表馆是故宫改造的一个极端的例子。它虽然做到了不破坏原宫殿环境，但也只是让观众的参观环境不亚于一般的博物馆展厅而已。

但是故宫博物院尝试在午门城楼上新建的现代化玻璃展厅则完全做到了建

筑保护和文物展览的完全和谐。在这个展厅内曾举办了"太阳王路易十四宫廷展"。李季谈到法国人前来考察展厅时，对展厅内部温度和湿度都有严格的要求。午门展厅不但完全达到要求，而且对于古建筑没有任何损害。

"午门展厅就像一个玻璃盒子，所有的声、光、水、电源都和古建筑实现了软连接。展厅构架上连一个钉子都没有，并且建造过程完全可逆，一旦拆下展厅构件，就能完全恢复午门城楼原来的样子。"

午门展厅虽然技术先进有例可循，但数千万人民币的高昂造价让故宫博物院很难广泛推广，只能主要用于展示少数书画等条件要求很高的文物。

虽然故宫在"文革"之后就开始对国外游客展出，并长期以来通过旅游资源获得文保经费，但李季指出，现在国际上流行的是互换展览，比如在故宫午门举办的"太阳王路易十四宫廷展"和同时在法国凡尔赛宫举办的"康熙大帝展"就属于互换展览形式。互换展览花费最大的一部分经费是运输费和保险费，"现在想通过这种方式获得文保经费是很困难的"。

故宫文物收购：在无价和有价中取舍

　　时任郑欣淼院长说，"故宫实施的是双编制，门票收入上交国家财政，院经费则每年通过中央编制委员会进行预算和审核。虽然从门票收入上看故宫完全具备养活自己的能力，但是现在的体制并没有采用自收自支。"郑欣淼提到，"对原清宫流失文物和国内精品文物的收购，国家一直给予大力的支持，而这已经成为近年来故宫一项重要的经费支出。"

　　故宫博物院瓷器专家耿宝昌先生曾回忆2000年他受国家文物局之托，携带3万美元前往荷兰阿姆斯特丹试图收购一些"泰星"号沉船上的中国民窑精品。可以想象昂贵的拍卖价格，最后耿宝昌携带的3万美元分文未动地被带了回来。他甚至没有得到一次举牌的机会。

　　故宫书画专家单国强代表故宫参与竞拍宋徽宗《写生珍禽图》，当价格被叫到2300万元时，心理价位在1000万元的他都不敢举手了。故宫近年来以1800万元和2200万元人民币的大手笔收购了张先的《十咏图》和隋人书《出师颂》后，对于故宫文物收购的争论更是越发尖锐起来。

　　肖燕翼正是直接负责购买《出师颂》的院领导之一。他说，故宫每年的文物收购准备金是1000万元人民币。但实际上只要有了具体目标，随时可以申请

（宋）赵佶《写生珍禽图》，该图卷几经周折，最终被刘益谦购得，现藏于上海龙美术馆

经费，且具体的金额其实并没有限定上限。

　　肖燕翼说，当《出师颂》刚一浮出水面，故宫博物院著名的书画专家徐邦达先生就建议购买。2003年夏天，嘉德拍卖行曾经把《出师颂》拿到故宫来，请各方面的专家来辨认。当时拍卖行的底价是2000万元人民币。

《写生珍禽图》（局部）

（北宋）张先《十咏图》，现藏于故宫博物院

"我认为这个价格还没有触顶。"肖燕翼说，"随着我们国家国力的增强，经济实力的好转，以及对中国古代文物的认识，以后中国文物的价格还会继续上升。比如1973年故宫博物院买了一个元代鲜于枢的手卷，当时的收购价是500元。现在500万元都不可能了！反过来，如果现在鲜于枢的手卷能够用500万元人民币买下，这等于说中国古代的文物太不值钱了。现在有了拍卖行，对文物的价值越来越重视，我认为这是一个好事，说明大家开始重视（中国）文物了。"

时任财政部教科文司文化处长王家新谈到征集宋代米芾的《研山铭》时，启功先生曾说过一句话：《研山铭》是好，确实精彩，但是3000万元贵了点。当时还是国家文物局局长的单霁翔调侃说，北京修1公里地铁要6个亿，能买20幅《研山铭》。

"您说是修1公里地铁好，还是买20幅《研山铭》好？当然地铁肯定要修，《研山铭》也需要征集。想起文化和文物来有时挺悲哀的，也令人忧虑。"王家新说。2002年国家财政第一次设立了"国家文物征集专项经费"，当年安排5000万元。这笔经费并非故宫一家独享。在国家文物局购买了《研山铭》后，收购《出师颂》最终动用了故宫的门票收入。

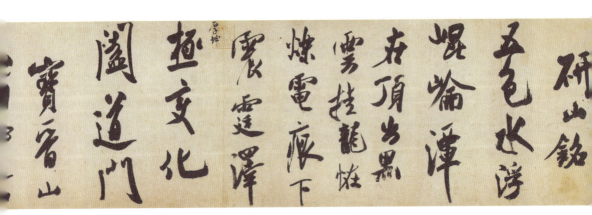

（北宋）米芾《研山铭》，现藏于故宫博物院

王家新从另一个角度表达了对于中国文物价格的看法："我觉得一件文物在不同时代背景下它的价格是不一样的。比如在乱世，人们关心的是安危和温饱问题，文物怎么能值钱呢？当年溥仪以赏赐其弟溥杰的名义将大量书画文物带出清宫，流散民间，俗称'东北货'，当时在长春街头是以麻袋论价的，那是文物的价格吗？……因为那是一个乱世，一个山河破碎、流离失所的年代。而当盛世来临，社会稳定、经济繁荣、人民安居乐业时，文物的价格必然就要上扬。"

王家新回顾了1953年《中秋帖》和《伯远帖》在香港初露面时的费用。他说，当时郑振铎、王冶秋等向周恩来总理建议要把它们买回来，最后花了47万元，加上后来的《五牛图》《韩熙载夜宴图》等总共花了几百万元。

当时中华人民共和国刚刚成立，百废待兴，对外又要抗美援朝，1953年财政收入是213亿元，总理能特批上百万元外汇来买这批文物，那是非常了不起的决策。而2002年的财政收入是19 000亿元，故宫以2000万元来买这件文物，他想大家对这个比价应该是有所判断的。再者，事过50年，谁想拿两三个亿来买《伯远帖》《中秋帖》，他认为故宫也绝对不会卖的。因此，文物收藏一定要有眼光，应该历史地看待问题。（撰文：蔡伟）

故　　　宫　　　观　　　止

藏宝

赵孟頫：时代迭变与他的书画

　　赵孟頫的"古意"说和文人画风，几乎影响了元代的整个画坛。由于他书法艺术的全面和地位的崇高，他所倡导的审美情趣在元代书法界也同样产生了巨大的影响和号召力。而故宫博物院收藏赵孟頫作品占所有传世品总数的60%。

马画与逸民出仕

　　赵孟頫存世的作品中，时间最早的可能是一幅《调良图》，中国艺术史学家李铸晋教授认为此画应属13世纪80年代的真本，当时赵孟頫只有26岁左右。此前4年，元军攻占了南宋都城临安，他和家人为躲避战祸，被迫离开故乡吴兴（即今浙江湖州），逃到了沿海的天台山，在那里得到当地富豪杨叔和的接济。

　　《调良图》里马夫牵着一匹马孤立于风中，线条结实有力。马尾和马鬃被大风吹起，人的衣袖及衣裳下摆亦随之飘动，而这股风力与马夫回首的目光恰巧抵消，形成看似纷乱却巧妙的构图。赵孟頫采用了勾勒晕染的画法，我们从中既可以捕捉到唐代人物画法古典素净的韵味，也可以看到北宋画家李公麟对他的影响。

　　李公麟是文人画的创始人之一，他有一幅名为《五马图》的名作，《石渠宝

（元）赵孟頫《调良图》，现藏于台北故宫博物院

笈》特展第二期中展出的赵孟頫《人骑图》与这幅名画尤为相像，都是用若有似无的淡墨平涂勾出精细的线条，除了承嗣唐代及早期绘画的遗风之外，本身冷静纯粹的韵味也与文人孤芳自赏、知性思辨的气质颇为相符。

赵孟頫出身南宋宗室，是宋太祖赵匡胤的十一世孙，其父赵与訔曾任南宋户部侍郎兼知临安府浙西安抚使。赵孟頫自小生活优渥，南宋江山一天天溃败之时，他还是一个寄情于自然山水的翩翩少年，在位于菊坡园山脚下的书斋印水山房里读书挥毫。印水山房环境清幽，依山傍水，松竹遍植，山房外有一片水塘，现在去湖州莲花庄游览时仍能看到这处被称作"墨池"的水池，据说当年他每次写完字后都会到里面洗笔，时间一久池水就变成了黑色，颇似他毕生推崇的书圣王羲之的故事。

在印水山房的读书生活是他人生中最为宁静闲适的一段。他非常喜爱南宋罗大经《鹤林玉露》中的一篇《读书乐趣》，用行楷书写在纸本上，文后押上"印水山房"的方印。文中一段颇为优美："午睡初足，旋汲山泉，拾松枝，煮苦茗，啜之随意，读《周易》《国风》《左氏传》《离骚》《太史公书》及陶杜诗翰、苏文数篇。从容步山径，穿松竹，与麛犊共息于长林丰草间。坐弄流泉，漱齿濯足。"实际上，这段文字被后世研究者当作他本人书斋生活的写照来分析，赵孟頫家中收藏甚丰，文中所列书籍也都在他的寓目之列，这使他可以对"所藏法帖墨迹画卷纵观之"，视野开阔。

南宋灭亡之后，他和众多前朝士子一样成为新朝逸民，至1286年，程钜夫到江南搜访遗迹，他被迫决定应诏入京。"赵孟頫和其他人不一样，他是南宋宗室成员，是元世祖最希望拿来笼络人心的人。别人可以拒绝，但赵孟頫拒绝出仕的难度很大，况且他已经拒绝了几次。"赵孟頫研究者、故宫博物院研究馆员王连起说，"当时和他一起赴京做官的有儒士吴澄，抵达后不久，吴即请南归，赵孟頫为他写了一序，最后一句说道：'以余之不才，去吴君何啻百倍，吴君且往，则余当何如也？'"由此可知，他抵京后的境遇也并不太如意，于是借吴澄南归一抒胸怀。

赵孟頫初入元廷时的跌宕起伏，在《元史》和《新元史》中均有详细记载，比如他初见世祖，世祖甚悦，使其坐叶李之上，因而受人谗言；他论至元钞法，又受人批评；他入朝稍迟，受到答辱；以及受世祖恩宠，自思必危，力请外补，等等。而后他在京中任兵部郎中，又抵济南任同知济南总管府事，于至元壬辰暂还吴兴，写了很多以白鸥谓自由、"误落尘网中"比喻个人际遇的诗词。

赵孟𫖯的绘画成就中，山水为最佳，但巧合的是他却有多幅以马为主题的画留存了下来。马画是传统中国画里的经典创作母题，《宣和画谱》中录有唐代李绪太子的一段话："尝谓士人多喜画马者，以马之取譬必在人才，驽骥迟疾、隐显、遇否，一切如士之游世，不特此也。"道出了画马对文人的重要性。

到了元代，蒙古贵族对于马的热爱让马画变得尤为繁荣起来，在官方立场上，贡马被视为对统治者的敬意和忠诚。但在传统上，马的美丽、优雅仍然象征着文人，尤其是在元代初年，马"象征着文人身处道德价值逐渐崩塌的世界里所面临的困境"。

赵孟𫖯存世的《调良图》《人骑图》《浴马图》《滚尘马图》及与其子赵雍、其孙赵麟共同绘制的一幅《三世人马图》等，皆是以马为绝对主题的画作。元代早期诗人方回曾为好友赵孟𫖯的一幅马画题诗，其中写道："一匹背树似揩痒，一匹龅枯首赢垂。赵子作此必有意，志士失职心伤悲。"明代初年文人王宾也曾在他的《古木散马图》上题有相似的跋语："以平原而息力，就野草以自秣，鞭策之弗加，控勒之无施，文敏之意，殆有所喻而然邪？士大夫鞅掌之余，宁无休逸之思邪？"

但实际上，我们很难从他的马画中看出他直率地传达出这层含义，多见的是他的性格和个人信息。他有一幅著名的《人骑图》，作于元贞丙申岁（1296年），当时赵孟𫖯43岁，正值离开京城返回吴兴故里修养时期。这幅纸本卷轴画作纵30厘米、横51.8厘米，画中一人一马均为侧身构图，马匹用铁线描，施染淡彩，劲健细挺，温驯勤劳，人物骑于马上，乌帽朱衣，重彩沿袭富丽唐韵，神态平静安定，二者有机结合，表现出一种高贵、安详的君子之风。

他46岁时曾自信地在此画上题道："吾好画马，盖得之于天，故颇画其能。今若此图，自谓不愧唐人。"另外，这幅画后也罕见地有其弟赵孟吁、其子赵雍

（元）赵孟頫《人骑图》，现藏于故宫博物院

赵奕、其孙赵麟、其侄赵由辰，赵家三代五人的共同题跋，以及宇文公谅、张世昌、倪渊等12家题记，由此可以完全断定其为真迹。

在这幅画中，我们只能体会出其所追求的悠远、古朴的绘画风格。元代另一位画马名家任仁发所作《二马图》中，两匹马一肥一瘦，分别代表高官厚禄的大官和瘦骨嶙峋、低头缓步的自己，寓意十分明显。任仁发与赵孟頫境遇相似，但不如赵孟頫在官场上地位显赫，在艺术界的声誉也逊色于他。

赵孟頫前后共历五朝，最后官至一品，推恩三代，得以善终，不过他并非一帆风顺，其间颇受排挤和压制，几次还乡，但他仍能坚持，这与他沉稳内敛的性格有关，因此作画时也往往会表现出积极向往自由的心绪。

倒是《人骑图》中的骑马者更为有趣，画中人面庞圆满，颊垂胡髯，神情洒脱自然。赵孟頫还有一幅存世的《自写小像》，现藏于故宫博物院，画中展现一片竹林，迎风摇曳，主人公披白衣、扎巾帽，曳杖侧身而立，容貌清秀，颌下微髯，目光凝视对岸，精神矍铄。这幅画与《人骑图》创作时间较为接近，均为中年，因《人骑图》中人与《自写小像》有几分相似，所以前者同样被认为是他本人的写照。

史料中多有记载，赵孟頫相貌非凡。元世祖一见赵孟頫，便为他的相貌倾倒，曾有记载说："神采秀异，珠明玉润，照耀殿庭。世祖皇帝一见称之，以为神仙中人。"赵孟頫为好友田衍的母亲所写墓碑中也曾提到，田衍在大都街上第一次偶遇赵孟頫就认出了后者，问他为何，回答道："闻诸鲜于伯机，赵孟頫神情简远，若神仙中人，衍客京师数年，未尝见若人，非君其谁？"仅凭别人的介绍就能在大都市的人群中认出赵孟頫来，足见其非凡的气质与风度。

与马画的和谐理想相比，倒是有一幅类似题材的《二羊图》颇值得玩味。这是赵孟頫存世作品中绝无仅有的一幅，它的意外留存让后世研究者十分惊喜，除了笔法和构图上的机巧外，后世的收藏者和当代一些学者也猜测它传达出了更多的政治隐喻。

这幅画藏于美国弗利尔美术馆，高25.2厘米，长48.4厘米，除了两头羊之外，画面空无所有。此图选用纸本，表面略微粗糙，比绢本吸水性强，便于展

（元）赵孟頫《自写小像》，现藏于故宫博物院

示各种笔法的变化，赵孟頫只用水墨和较为自由的"干笔""湿笔"来创作。右边的山羊纵向立于画面，头部前伸，张口瞪眼，尾巴上翘，所采用的笔法是将笔上蘸满的墨汁稍微晾干，继而快速提笔扫过画面，造成类似碳铅笔的"飞白"效果；左边的绵羊则用湿笔画法，毛笔饱含淡墨，在纸上缓慢行走，晕开浓淡不一的斑斑墨块，绵羊的造型也是与此笔法相应和的从容姿态，四只瘦小的脚支撑起圆润的身躯，面露平静安详。

这幅作品记载于《石渠宝笈续编》中，20世纪30年代流于海外。原作后面有八段题跋，开篇是赵孟頫自己的题识："……余故戏为写生，虽不能逼近古人，颇于气韵有得。"后面是元末及明代几位收藏者及其朋友的评论，其中明代张大本讲得最为明确："松雪翁亦善画马。今披此图，又善画羊，观龙门所题，想亦含此意。又惜其丹青之笔，不写苏武执节之容，青海牧羝之景也。为之三叹！"说的是先他题跋的良琦和袁华，点出了会使人联想到西北草原，可惜却没有进一步说明，这幅画与苏武牧羊之间的隐喻关系。

李铸晋在对这幅图的分析中也表示过对这种说法的赞同："左边那只绵羊孤傲的神情，反映了苏武的精神；山羊的卑微则似李陵。"李陵与苏武同为汉朝两员大将，苏武兵败拒绝投降，被流放牧羊；李陵则向匈奴人称臣，获得遣返，李铸晋认为这与赵孟頫常在诗文中提到的忠贞问题相一致。

（元）赵孟頫《二羊图》，现藏于美国弗利尔美术馆

江南文人圈、眼界与文人画

　　19岁时赵孟𫖯曾参加国子监考试，一举成功，当上了一个不实际到任、只领取俸禄的预备小官。只可惜南宋很快灭亡了，赵孟𫖯做了10年的逸民，遁在家乡吴兴过起了隐居生活，曾经几次拒绝元朝的应诏。但考取功名、文人入仕始终是他的理想，他之所以拒绝，一则是受当时文天祥兵败被俘慷慨就义的影响，二来也是对这个异族朝廷的不信任感，直至10年后政通人和，赵孟𫖯才作出了仕元的决定。

　　赵孟𫖯放逐自己的10年，中国画史上正在酝酿一场空前的变革。对大部分读书人而言，在宋朝他们可以按部就班地入朝为官，但在元朝就变得困难重重。蒙古人设下的社会阶级，决定了晋升的渠道，其中汉人居于下等。江南地区曾是南宋故都所在，这里的汉人因对前朝忠心耿耿，视变节为奇耻大辱，知识阶层愈加受到歧视。而这里本是富甲全国又兼人文荟萃，有更多的精英分子因此前途坎坷。

　　由此，江南地区形成了一个自给自足的社会，失去晋升通道的读书人成为有才德的处士，或靠变卖家产为生，或教书、行医，或以文人、作家的身份谋职，在这里传统价值观得以保留，读书人可以在一群意气相投的朋友之间保持自己的人际关系，从某种程度上来说，相当逍遥自在。

　　流散在江湖中的读书人给传统中国绘画带来了新的风潮——文人画。南宋画坛上势力最鼎盛的当属与皇室有密切关系的杭州画院，代表着当时居于统治地位的宫廷画流派。当时活跃的画家都是职业画师或低层次的画匠，通过后天磨炼的技艺完成精美画作，因取材和画风缺少新意，这种画风在南宋末年气数已尽。

与之相对，那些博览经籍的传统读书人正在画坛上逐渐崛起，他们强调绘画要"寄兴"，注重画中的内涵和创作过程的修身养性，这与职业画师的想法大相径庭，随着宋末元初社会秩序的重新洗牌，一批赋闲在家的知识阶层得以登上了画坛的核心。

赵孟𫖯所在的吴兴，当时有"吴兴八俊"之说，包括赵孟𫖯、钱选、牟应龙等隐逸文人，此外，他与杭州的戴表元、邓文原，苏州的龚开也都关系甚好。赵孟𫖯曾在《送吴幼清南还序》中略为交代这是怎样一个文人圈子，"放乎山水之间而乐乎名教之中，读书弹琴，足以自娱"。

就绘画方面来讲，他与这些文人有很多交流之处。"吴兴八俊"中最年长的钱选比赵孟𫖯大十几岁，他始终没有离开家乡赴京任职，与赵孟𫖯模棱两可的态度相比，显得极为耿直。钱选是元初逸民画家中最负盛名的一位，他的天分和技巧都远超大部分业余画家。他与赵孟𫖯亦师亦友，尽管赵孟𫖯本人并未承认，但后世学者认为，赵孟𫖯的画风多少是受到钱选影响的。比如本文开篇时提到的《调良图》，画法与钱选勾勒晕染的方式相同，赵孟𫖯的山水名作《鹊华秋色》与钱选的《浮玉山居》都同样风格古怪，有种故意将魏晋时期的质朴与稚拙之风加入其中的味道。

赵孟𫖯与画家龚开的关系也非常好，龚开的画上有赵孟𫖯的题跋，赵孟𫖯的一本山水画册里也找到了龚开的印章，这些都证明了二人之间的友谊。龚开隐居苏州，晚年生活近乎赤贫，他的画古意盎然，且造型奇特，笔法粗犷，存世的两幅画，都被后人当作个人情感的表白，不能脱离画家孤傲困顿的处境而单独谈论其艺术价值。

难能可贵的是，赵孟𫖯尽管与吴兴家乡的处士们走上了截然相反的道路，但这并没有给他们之间的友谊造成障碍。他的朋友尽管也在诗中表现出对他仕元的轻微责难，但大多都像长辈之言，或是略表可惜。同时，赵孟𫖯对这群文人朋友也敬重有加，他赠送拒绝仕元的朋友《逸民诗》，为病逝的处士题写墓志铭。

在有些人看来，仕元是赵孟𫖯人生中的重大污点，但对于他的艺术生涯而言，却未必如此。李铸晋认为，入仕"应是正确的选择……我们应该特别注意一点，赵氏个人在书画上的发展，应归功于他得以南北往来，有机会在各地看到不少古人的名作。因而能集大成，达到他在书画上的成就，以至于他的才能未被埋没。这都不能不归功于他决定出仕而得到的收获了"。

中国美术史学家高居翰（James Cahill）曾对元代早期画坛开始排斥宋末山水的现象做过分析，认为画坛对古老画派重新燃起兴趣的原因，是画家有机会可以见到古代大师的作品。"十二三世纪就不可能有这种机会，一方面是中国本身政权分裂，北方异族入侵；另一方面是古画多集中在皇室收藏，藏处无法接近。如今许多早期重要的传世之作开始流通，政局统一后，各地往来较为自由，画家因此可以四处看画……赵孟頫1286年到北京，遍游北方各省，1295年返回吴兴，带回一批在北部搜得的古画，其中便有王维与董源的真迹或仿作。"

赵孟頫的挚友周密在《云烟过眼录》中也记录了赵孟頫的这次活动，赵孟頫在1295年带回的大量画迹中，其中一幅即为唐代韩滉的《五牛图》，这幅画与赵孟頫创作的那幅《二羊图》有着异曲同工之妙。赵孟頫在《五牛图》上共有三次题跋，既表明他收藏多年，也让人断定他必定深谙此图，并受其影响。赵孟頫的个人收藏中还有唐代韩幹的画迹数帧，韩幹的《照夜白图》享有盛名，北宋李公麟的画风深受其影响，而李公麟又是深刻影响赵孟頫和钱选马画的前辈画家。当然，他们一定也对李公麟的画颇有研究，周密的《云烟过眼录》中记录，赵孟頫的两位好友都曾收藏过李公麟的《五马图》，赵孟頫还曾在《松雪斋文集》中留有一首论及这幅作品的诗，这足以让人估计到赵孟頫当年宽广的眼界。

"古意"说与"书画同源"

在绘画领域，赵孟頫同当时的主流观点一致，厌恶南宋末年那种繁复华丽却缺少人文内涵的画风。赵孟頫是元初最负盛名的文人领袖，对当代其他画家、画论家以及元末的画家都深具影响，他的显赫声名，主要取决于他艺术理论中最核心的古意概念。

他曾在1301年发表过一段理论："作画贵有古意。若无古意，虽工无益。今人但知用笔纤细，傅色浓艳，便自为能手。殊不知古意既亏，百病横生，岂可观之？吾所作画，似乎简率，然识者知其近古，故以为佳。此可为知者道，不为不知者说也。""古"是指晋唐，在这段文字中，赵孟頫对古意的阐述十分明了。

他还曾评论唐代名画家曹霸所画的一幅马画："唐人善画马者甚众，而曹、韩为之最。盖其命意高古，不求形似，所以出众工之右耳。此卷曹笔无疑。圉人、太仆，自有一种气象，非俗人所能知也。"

"似乎简率"和"不求形似"可以看作是赵孟頫对古意画风的技法要求。在这种非写实派的作品中，并非是在追求画中要素悖于常理，只是不要把形似作为作画的最终目的，它强调用笔精到，要像他在《二羊图》题跋中所述，"颇于气韵有得"。

"气韵"尽管定义模糊笼统，却常常被当作评定好画的标准。高居翰曾评论说："就文人画的理论而言，画家个人的内在特质会展现在作品的气韵中，无法经由后天的学习苦练得来。是以赵孟頫所谓的'气韵'不仅意味着他捕捉到了笔下动物生动的神情，更是指绘画本身的特质，由那些复古手法的回响与寓意，以及来自运笔、勾描、造型的细微变化和形式的灵活运用，共同烘托出一种丰富而饱满的表现。"

需要注意的是，赵孟頫强调的古意，并不是十足冷静矜持地复刻古人的风格，而是从古画中吸取古人写真实山水人物的精神，再创造出新的作风。故宫博物院研究馆员单国强认为，就赵孟頫最出色的山水画来说，他在不断进行着实验，从早期的《幼舆丘壑图》到技艺已成熟的《鹊华秋色》，直至晚年所作《水村图》，"从六朝到唐五代的传统中，创出了一种新的风格，以《水村图》为代表，影响到元代晚期的画家，并开启了明清画的先河"。

《幼舆丘壑图》是赵孟頫传世山水画中最早的一幅，其子赵雍的题跋中说这幅画是父亲早年创作的，绘于1286年赴京之前。西晋学者谢鲲字幼舆，画家顾恺之曾经画过谢鲲置身于丘壑之间，因他善于运用场景去烘托人物性格而留下美名。顾恺之的原画早已亡佚，赵孟頫作相同主题，是在有意模拟顾恺之的画风。

这幅画表现出明显的魏晋风格，地面与树木沿着中景横陈，和画幅平行，前有溪流分布在前景，向画幅左右两端延伸流向远方，谢鲲坐在河岸的一张席子上，凝视着河水。看过顾恺之《洛神赋图》摹本便知，魏晋画家重视人物而轻环境，于是赵孟頫也故意把人物、树木、山丘之间的比例画得不甚协调。这种返璞归真的画风是赵孟頫早期"实验艺术"的代表作，但他并不是严整的仿

（东晋）顾恺之《洛神赋图》（局部）

古，比如画中的石青、石绿不是传统青绿山水的平涂，而是如宋画中层层晕染，树木的线条也不那么刚硬僵直，岩石的形状亦非一成不变。

《鹊华秋色》则展现了他创作中截然不同的另一面。根据题款，此画作于1296年初，当时他自北方南归不久，特地为周密所绘。这一年他带着大量美术作品回乡，其中包括10世纪董源的作品，《鹊华秋色》可能便是在其中得到了灵感，此画与董源的《寒林重汀》十分相近。

画中所绘为泽地和河水，空间安排在一片辽阔的中景地带，因此没有前景或远景，画中左右两侧各有一座山峰，在构图上将画面分成三段。右侧第一段中山峰从地面突起，山前可见三丛巨大的树木；第二段以更靠近视野的一大丛树木为主，衬托着背景中一望无际的沼泽；左侧的第三段最为繁复，与远处独立的半圆形山体对立，画家在画面上增加了很多景物，包括三所错落有致的茅舍和五头鲜黄色的山羊以及一排渔网、一名老农。

李铸晋认为这幅画展现了赵孟頫"超出时空限制的能力""画者依照自己选择和组合的能力，把自然变为趣味盎然的画题"。

除了排拒南宋绘画追求图像描摹精准的积弊，这幅画的开创意义也在于它所引进的塑造物形的新方法。复古画风中的青绿山水使用勾勒填彩，宋人山水画里善用渐层晕染法来描绘轮廓，赵孟頫显然寻找到了新的方式：元人称之为"披麻皴"，使用淡干墨侧笔画出，一方面画出体积感，另一方面显得笔力自然潇洒。

他中年所作的《水村图》则更代表了元画的风格，这幅现藏于故宫博物院的名画历来为元、明文人画家所珍视，它同样也归入了《石渠宝笈》目录之列。与他之前的画风相比，这幅作品构图十分简单，描述的是文人隐士幽居别墅的平远小景。

董其昌在卷后做题跋评价称："此卷为子昂得意笔，在《鹊华秋色》之上，以其萧散荒率，脱尽董、巨窠臼，直捣右丞。"董源、巨然善用皴法，但水墨湿润、浑厚浓郁，赵孟頫则将其演化为枯笔淡墨，干笔侧锋横拖，显得气韵苍秀。

"《水村图》尤为典型地体现了赵孟頫'书画同源'的艺术理论。"单国强说，"与其说他是画，不如说他在写，这幅《水村图》的用笔几乎全部是书法的运笔方式。"赵孟頫在《枯木竹石图》的题跋中写道："石如飞白木如籀，写竹还应八法通，若还有人能会此，须知书画本来同。"

画石头的笔法要像行书中因飞速而过带出来飞白，画木头要像写大篆浑圆遒劲，画竹子要像书法中"永字八法"，横竖撇捺折的运笔皆有可取。由此，赵孟頫将文人画说得更加透彻，即书法的用笔是中国画造型的语言，中国画本身带有强烈的书法趣味。

赵孟頫的"古意"说和画风，几乎影响了元代的整个画坛。"元四家"黄公望、王蒙、吴镇、倪瓒皆受其影响，其中黄公望在一篇题跋中称自己是赵孟頫"松雪斋中小学生"；王蒙是赵孟頫的外孙，是元代艺术圈最强势的赵氏家族成员；吴镇、倪瓒同样延续了赵孟頫的风格，去无锡博物馆看看倪瓒所画的太湖山水，所用皴法和素净的构图，与赵孟頫十分相似。

到了明代，文微明是赵孟頫画风的最虔诚的追随者，心高气傲的董其昌也不得不推崇赵氏为元代倪、黄一派水墨山水画的开山师祖，他的审美趣味又直接影响了康熙、乾隆，在《石渠宝笈》中收录的赵孟頫作品颇多，而且常常都被归为"上等"。

《洛神赋图》卷与行书《千字文》：
故宫中的两幅精品

　　《元史·赵孟頫本传》云："篆籀、分隶、真、行、草书，无不冠绝古今。"其中尤以楷书和行书最为著名。与赵孟頫的绘画相比，人们对他的书法技艺可能更为了解。楷书四大家"欧颜柳赵"在每个书法初学者嘴里都念得极顺溜，颜真卿的字雄浑、欧阳询严整、柳公权精瘦、赵孟頫姿媚，初学者从楷书起步，最先要临摹的就是这四位知名书法家的作品。

　　但与其他三位相比，赵孟頫因生于南宋而入仕元朝，得到了一些不公正的评价，比如傅山、康有为、包世臣等人，就称他的书法作品中有"贰臣气"，因而对其大加讥贬。

　　赵孟頫的著名研究者王连起对这种说法嗤之以鼻："首先，赵孟頫既不是持节的文臣，也不是拥兵的武将，不应负亡国的责任，况且他出仕元朝，已是宋亡10年后的事，所谓变节或投降的说法更加不能成立。其次，所谓的'贰臣气'只是无稽之谈，觉得赵孟頫的字不好，很有可能是因为这些人一生都没有见过赵孟頫的真迹。《石渠宝笈》里收录了很多赵孟頫的字轴，后来经鉴定发现全都是明朝人伪造的。"

　　赵孟頫的真迹在明清时期遭到讹传，很可能与书法界因金石人热致碑派书法兴起有关。清中叶以前，书法崇尚法帖，自阮元提出南北书派论后，以北碑为代表的碑学成为北派，帖学归为南派，进而因"北派为尊"，帖学逐渐式微，崇碑之风趁势大盛起来。

　　"学碑显然不如学帖。碑由工匠所刻，在表现飞白和连笔时，与原作已有差异，再加上不断碑拓造成的磨损，我们能看到的拓片早已不是书法作品的原貌了。"王连起先后师从徐邦达和启功，他认为学书法的首选当然是学墨迹。

赵孟頫的年代距离现今比楷书其他三大家要近得多，他存世的书法真迹也要丰富得多。对于学书者来说，这无疑是最优渥的条件。"颜真卿的字稍微写得胖一点就会显得笨拙，欧阳询的字严整，一笔稍错，整个字都没法看了。赵孟頫的字最活泼，也是楷书四大家中最难学的，但学习赵孟頫的好处在于，他是王羲之、王献之书法精髓的集大成者，在我们现在无法看到'二王'书法真迹的条件下，人们不妨从赵孟頫学'二王'得到一些借鉴。"王连起说。

作为宋朝宗室成员，赵孟頫最早学习书法的对象是宋太祖赵匡胤。之后他开始学习魏晋，在他的作品中，巧妙汲取精华的灵气已表现得十分明显。赵孟頫有幅《玄妙观重修三门记卷》，是他早期的作品，能看出明显的魏碑风格，横以方头起笔，以如利斧般锋利的捺来收笔，但他同时也摒弃了魏碑中常见的刀痕气，用自身流利婉转的运笔风格化解了魏碑中的生硬刻板。

赵孟頫学"二王"所下的功夫最深，尤其是王羲之的《兰亭序》和王献之的《洛神赋》。凡有《兰亭》，他几乎都认真鉴别、品评、题跋，而心摹手追的临写更是数量惊人。元代书法家仇远曾说："余见子昂临《临河序》，何啻数百本，无一不咄咄逼真。"赵孟頫认为《兰亭序》是魏晋书法的"新体之祖"，他在反复用功之后，受益颇多，也因此被世人评为"超宋迈唐，直接右军"。对王献之的《洛神赋》，他也是认真研习，反复临摹。《洛神赋》十三行墨迹，当时就收在他的手上，距他离世还不到一个月时，他甚至又为此帖作了长跋。

赵孟頫在四十五六岁之际，终于形成了以"二王"为风范而又有自己鲜明特色的"赵体"。《行书洛神赋》和行书《千字文》均是创作于他50岁左右的书法巅峰时期。

说实话，之前笔者对赵孟頫的书法并不十分感冒。小时候练过颜真卿的《多宝塔》和魏碑《张猛龙碑》，作为一个驽钝的初学者，这段书法体验让我一直认为雄壮和坚硬才是书法的本色，显然，赵孟頫并不具备这些直愣的特点，甚至可以说他是在有意避免形成那种笨拙的局面。

（元）赵孟頫《千字文》，现藏于故宫博物院

　　法帖的魅力大，的确如王连起所说。赵孟頫的真迹让我从小学习碑帖的一个疑问得到了释怀：以前我总在狐疑，即使是相当成熟的颜真卿，也会有些许字迹在结体上显得别扭，这是每个书法家都不可避免的问题吗？而这个问题，在成熟时期的赵孟頫身上荡然无存，无论是不是因为颜真卿的碑刻走了形，但看赵孟頫的真迹，仔细端详每一个字都觉得毫无破绽。无论是结体还是行笔路线，都灵活而匀称，所谓筋骨，其实也并非粗壮才能体现，赵孟頫百炼钢化绕指柔般的笔法同样力道十足。

　　行书《千字文》则先由楷书著，逐渐舒展为行书，也是赵孟頫的一幅得意之作。赵孟頫对元朝书坛的行书改革颇为用心。王连起说，元人书直接宋人，沿袭了宋"尚意"和"师法不古"的弊端，"尚意"的结果是使世人只擅长行书而不能工工整整地写正楷，"师法不古"又使得行书的笔法大坏，"很多人的字躁露怒张，形同恶札"。

　　有感于此，赵孟頫才以复古为号召，提倡师法魏晋，来扭转这种流弊。由于赵孟頫书法艺术的全面和地位的崇高，他所倡导的审美情趣在元代产生了巨大的影响和号召力。（撰文：吴丽玮）

张伯驹与孤品《游春图》的曲折命运

辨伪和献宝，构成了古老《游春图》的一段新鲜故事。

疑义

张伯驹回购《游春图》，可以看作是这幅古老名画一段新生命的开始，历史与未来相通之后，不同的判断线索让这幅画的命运走向了迥异的方向。格外吸引人的是历史上从未出现过的明确质疑声。

较早对这幅画提出疑问的是沈从文。1946年夏天，他随北大从昆明回到北京，听说溥仪伪皇宫中散失的《游春图》流落到了琉璃厂的古董店玉池山房里。沈从文借着北大拟拨款筹建博物馆的机会，前后6次去看了这幅不轻易示人的名画。一年后张伯驹将其买下，又应北大邀请公开展览了两次，沈从文得以细细观之。他在《读展子虔〈游春图〉》一文中回忆道："我觉得年代似有问题，讨价又过高，未能成交。我的印象是这画虽不失为一件佳作，可是男子的衣着，女人的坐式，都可说有问题，未必出于展子虔手笔。"

沈从文试图从后人画录中对展子虔的记载寻找线索。"看看叙录中展子虔作过些什么画，长处是什么，《游春图》和他有无关系。希望通过这种综合分析，可以得到一点新的认识；也可能结果是什么都得不到……却希望给同好一种抛砖引玉新的鉴定工作的启发，我相信一部完善的中国美术史，是需要有许多人从各种角度提供不同意见，才会取得比较全面可信相对年代的证据。"最终他认为这幅画是展子虔真迹的证据并不充分。

1978年，建筑历史学家傅熹年在《文物》杂志上发表了关于《游春图》年代探讨的文章，从画中人物服饰和建筑风格进行考究，认为这幅作品可能是北宋宫廷画师的摹本，给沈从文当时的猜测提供了强有力的证据。

《游春图》是一幅山水画，如果仅仅从山水画的风格特点上来分析，目前可以比较的只有敦煌石窟中的一些隋代壁画。但二者除了地域上的悬隔之外，壁画与绢素画的差别也很大，因此很难取得一致性的意见。

　　"如果从画中所表现出的人物服饰和建筑物的特点来分析，则较易达到目的。因为前代人不能穿后代人的衣冠，不能住后代形式的房子，这是十分浅显的道理。"于是傅熹年从人物的幞头、建筑的斗拱、鸱尾和兽头四个方面做了比较。

　　《游春图》中人物所戴幞头，巾子直立，不分瓣，脑后二脚纤长，微弯，斜翘向外。根据唐宋共四种文献中对幞头形制的描述，对照20世纪50年代以来出土的大量唐墓壁画和唐俑中所反映的巾子形象，可以看出从唐贞观年间至晚唐及五代，幞头上的巾子形状逐渐从小而圆锐演变成前倾或后仰的样貌，由此推测，隋代的幞头应更为低平，这就与《游春图》中巾子高而直立的样子不相符。

　　《游春图》的右上角画有一座殿宇，正中是一座重檐歇山屋顶的正殿，下檐面阔三间，四根柱上皆有斗拱。根据现有材料看，隋至唐末近300年间，斗拱的做法大致可分成三个不同的阶段，《游春图》的斗拱特点和第三个阶段的做法相同，因此它的时代不应早于晚唐。

　　在图中的殿宇上，正殿和门在屋顶正脊两端都用了鸱尾。鸱尾是传说中一

（隋）展子虔《游春图》，现藏于故宫博物院

种海生动物的尾，背上有两道突起的鳍。根据不同时代鸱尾的变化，《游春图》中的鸱尾与北魏至唐中期的特点不合，而与《宋会要辑稿》和宋李诫《营造法式》中所载情况一致，具有典型的北宋鸱尾特征。因此，《游春图》的创作上限恐难超过北宋。

最后是屋顶的兽头。据现有资料所知，要到北宋时，建筑才有张口扬鼻双角前翘并分开的兽头样式出现。从南北朝至唐前期，屋顶上多为陶片表面塑出张口的兽面，屋脊最上一层筒瓦末端装一瓦当，伸出于陶板顶上，略有上翘。《游春图》中所绘兽头有分开的两角，更像是北宋时代的建筑风格，因此它的创作年代上限很难早于北宋初或五代末年。

由此，傅熹年得出结论，这幅《游春图》的具体绘制年代不会早于北宋，因此也就不可能是展子虔本人的真迹了。尽管官方并没有彻底颠覆这幅古画的出身，但学界显然已把傅熹年的结论当成一种共识，至今对这幅画真伪的研究也再没超过傅熹年当年的这篇文章。

但如何理解该图隔水上宋徽宗的瘦金体题签"展子虔游春图"呢？历来这一线索被当成展子虔真迹的最有力证据。故宫博物院研究馆员余辉说，古人对于书画真迹的评判标准与我们有显著的不同。"我们所说的真和假，一般是指是否为作者的亲笔，但对于唐宋时期的人并不是这样，当时的人在评论流传很久的古书画时，往往把一些有根据的传摹品也划入真的范围。"

古书画由于自然和人为的损坏，能流传下来的原作很少，那时满足更多人需求的办法是摹拓或复制。所以古代名画名书往往有多种摹本流传于世，最典型的例子就是《兰亭序》。"它的性质就相当于今天的高级印刷品。"

"尽管宋徽宗对《游春图》作了题识，但并不是说他认定这就是展子虔的原作，而应是他认为描摹得非常逼真的仿制品，作画的人应该就是当时技艺高超的宫廷画师。"至于画作中出现了与隋制不符的社会面貌，余辉猜测这可能是因为原作遭到破损，画师只能凭借有限的知识将细节补齐，所以才会出现晚唐或北宋的建筑风格和服饰面貌。

流传

关于这幅《游春图》现代命运的另一重空间，仍是一个传统的献宝救宝故事。

1945年，日本战败投降，溥仪等人仓皇逃出伪满洲皇宫，除随身携带的120多件珍贵字画外，其余留在伪皇宫小白楼内的1000多件字画古籍均落入值守伪军之手。

这批文物有些被伪军在抢夺时毁掉，有些被贩卖到国外，当时以北京琉璃厂为首，全国各地的古董商纷纷赶到长春抢救这批宝贝。《游春图》也在这批流散出来的文物之列，而且是其中极为有名的一幅。对于书画鉴定者和古董商来说，其"屡见著录，流传有序"的身份，是鉴别其真伪最为重要的线索，这幅画因此具有足够的吸引力。

古董商穆蟠忱原是墨宝斋的徒弟，九一八事变前，他去了沈阳和长春开古玩铺，在两地都交游广泛，后年老返回北京。伪皇宫国宝佚散在市面之后，穆蟠忱和琉璃厂玉池山房经理马霁川、文珍斋经理冯湛如的徒弟赵志诚一起去长春买货，凭借当地的人脉关系，三人抢到了展子虔的这幅《游春图》。

返程时他们途经沈阳，到小南门内崇古斋做客。前一年末，穆蟠忱曾在长春购得范仲淹的《道服赞》，他拿到沈阳崇古斋，经其经理李卓卿介绍，将《道服赞》卖给了琉璃厂论文斋经理靳伯声，而李卓卿未取任何中间人的佣金。穆蟠忱为了表示感谢，这次主动让崇古斋入股《游春图》，于是这幅名画成为四家共有，后又因李卓卿一股再分成三股，实际上《游春图》的所有权共属于六家古董商。

《游春图》运回北京后一直由穆蟠忱保管，按照惯例，古董商们先给文物拍

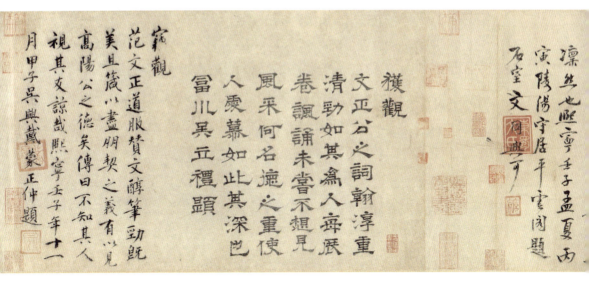

（北宋）范仲淹《道服赞》，现藏于故宫博物院

照，再将照片分送给各大书画收藏家，寻找买家。张伯驹看中了《游春图》，他的外孙楼开肇说，张伯驹为了好东西向来是不遗余力，他也曾拥有《伯远帖》和《中秋帖》摹本，约定一年内结清欠款，但抗战时期家里经济困难，凑不够钱，一年之后被迫把这两幅真品退还给古董商。与之相比，张伯驹最后能买下《游春图》显然更难得和用心。

这幅字画当时已经传出要以800两黄金的价格卖到日本去。张伯驹为了不让国宝流失，通过中间朋友，找到股东之一的马霁川，由马霁川代表所有卖家来定价，最后把价格从800两降到200两。在张伯驹回去凑钱期间，张大千也找来了，他的委托人是国民党内政部长张群，愿意出港条200两黄金直接买走。香港的金条纯度高，而且是现钱，但古董商担心国民党很快要撤离大陆，国宝会流失海外，拒绝了张大千的请求。

另一端，刚用110两黄金买下范仲淹《道服赞》的张伯驹早已是捉襟见肘，十九年里，这位翩翩贵公子为了买古书字画，散尽了万贯家财，最后他被迫卖掉了弓弦胡同里李莲英曾经居住过的一处豪宅，才凑出了金子。

李卓卿代表卖方同张伯驹完成交易。李卓卿后来回忆说，他带去金店的一

20世纪30年代的张伯驹（张伯驹、潘素文化发展基金会 供图）

位经理，拿试金石测金子的纯度，只有六成多，200两折合纯金是130两。在相差70两的情况下，双方达成交易。张伯驹的确已不富裕，后来变卖了夫人潘素的首饰，又凑了40两出来，最终仍欠着30两。

世事变迁。1952年，张伯驹将《游春图》捐献给故宫博物院，结果第二年就被打成"右派"，1967年又被打成"现行反革命"送往农村插队。后来李卓卿回忆这段往事，感慨道："张伯驹保护了祖国珍贵文化遗产，捐献给国家。我们六家古董商少得三十两黄金，何足挂齿！"几十年后，这段往事就此了结。

但《游春图》的故事并没完。进入故宫时，这幅字画残破不堪。原故宫文保科技部书画装裱科科长徐建华说，"20世纪70年代，故宫决定集中修复馆藏的众多珍贵文物"。"中华人民共和国成立初期，故宫里的修复师傅都是原来民间装裱铺子里的高手，这批师傅慢慢变老了，为了抢救文物，故宫决定尽快让他们把文物修复出来。"

原故宫文保科技部书画装裱科科长徐建华

《游春图》的修复计划开始于1977年，由杨文彬师傅负责，徐建华是他的助手。当时徐建华进入故宫3年，是杨文彬的徒弟。

杨文彬被当时故宫的院长吴忠超称赞为"裱画界的梅兰芳"，故宫里80%的字画修复都曾经过他之手。徐建华说，杨文彬不停地抽烟，连着好几天都吃不下饭，"不是因为难度有多大，而是这幅画太珍贵了，就像医生手术前一样，要在开刀前把所有问题都考虑到，只能成功不能失败"。

修复的第一步是对画面进行淋洗，去除污迹和霉迹。《游春图》是重彩的绢本青绿山水，时间久了颜色脱胶，容易严重掉色，淋洗前必须用一定浓度的胶水在画心正面轻刷，加固颜色。刷胶一遍往往是不够的，晾干后用小绒布擦，掉色的话要再刷一遍。《游春图》绢薄，胶的浓度要非常低，一共刷了三遍，是字画里最不容易固色的一类。

装裱界有句话："纸千年，绢八百。"这幅作品距今已经1000多年，绢的拉力早就没有了。失去了拉力，清洗完再揭裱时就容易造成画意错位，因此要将刷上薄浆水的水油纸贴在画心上，以使画心得到固定。

徐建华说，"这幅作品在此之前一共修复过三次：北宋宣和年间、清乾隆年间分别大修过一次，民国时被马霁川买下后由他的徒弟小修过一次。历次修补采用的均是'绢补'的方法，打开画心，后面早已贴满了旧的补绢条。原画意和印章、文字已经嵌在了补条上，因此原补条不能更换，只能进行加固和添补，补完之后，一共用了700多条纸条。接着再去掉旧的托纸，使用乾隆年间的高丽纸染成比画心稍浅的颜色用作新托纸"。

整个修复过程历时一年多。徐建华拿出当年修复过程中拍的黑白照片给我们看，画的背面密密麻麻的白色线条都是绢补用的纸条，看起来伤痕累累，可一旦它翻转过来，曾经的光彩又得以重现。当观者观赏这幅作品时，除了感叹历经千年的风雨，泛黄的绢本依然光洁，更是会被画面上一处处完整无缺蝇头大小的细节所震撼。

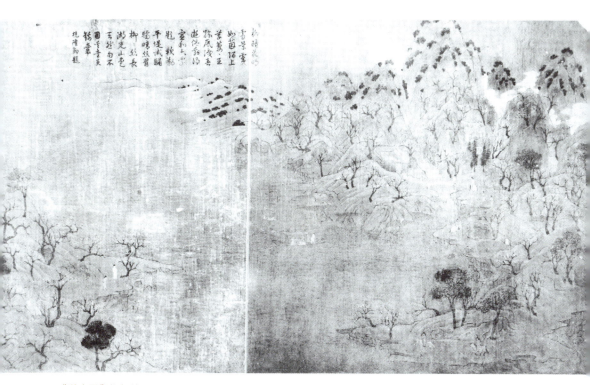

《游春图》修复前

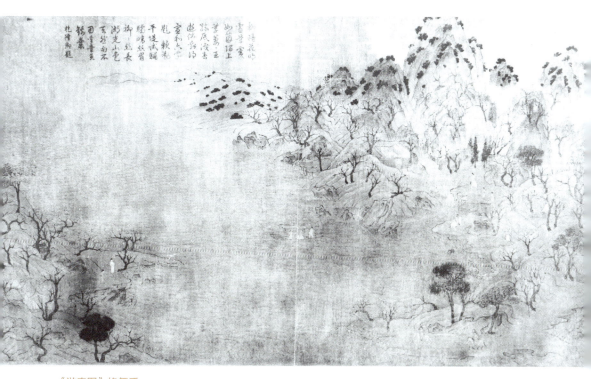

《游春图》修复后

价值

如果《游春图》并不是隋代展子虔亲笔所作，它的价值还会这么高吗？这就涉及了作品的两个方面：一个是它本身在绘画史中的位置，另一个是它世代留存所激荡出的历史痕迹。

即便这的确是一幅北宋摹本，但它对中国山水画的开创意义依然无法改变。

中国山水画据史载应滋育于魏晋，虽然秦汉以前就有了类似于山水的图案，但仍然处于相当稚拙的阶段。魏晋时期的山水画代表画家是顾恺之等人，顾恺之的《庐山图》、戴逵的《吴中溪山邑居图》反映了这一时期的画法特点。

南北朝时，宗炳的《画山水序》和王微的《叙画》阐述了山水画关于"卧游、澄怀味象"等一系列重要山水美学理论，那时人们强调审美的主体意识，观赏山水，目的不过是愉悦精神，描绘自然并不是人们绘画的真正出发点。

到了隋唐时期，山水画"渐变其附"，取得独立。展子虔的《游春图》一直被认为是现存最早的一幅山水画绢本，它改变了以前的那种"人大于川，水不容泛"的山水画形式，对比一幅摹本的顾恺之《洛神赋图》就可明显地看出，顾恺之的画里人物是主要的，山水、植物都像符号一样，和现实的比例差之千里，而展子虔的这幅《游春图》才是真正的在表现空间。

《游春图》是一幅春光明媚的踏青场景。尽管画幅只有两尺多长，却场面开阔，《宣和画谱》中评价它说"咫尺有千里趣"，因为遵守了后来人们归纳的"丈山、尺树、寸马、豆人"的审美比例，整幅画显得深远通透。这种首次出现的大场景绘画，所表现出的社会生活也更加广阔。

史书中对展子虔的记载并不丰富。唐代张彦远《历代名画记》里写道："展子虔，历北齐、北周、隋，在隋为朝散大夫，帐内都督。僧悰云：'触物留情，备皆妙绝，尤善台阁、人马、山川，咫尺千里。'李云：'董、展同品，董有展之车马，展亡董之台阁。'《法华变》、白麻纸《长安车马人物图》《南郊》《王世充像》《北齐后主幸晋阳图》《朱买臣覆水图》，并传于代。"

展子虔与顾恺之、陆探微、张僧繇并称为唐前四大画家，由上文可知，他尤为擅长山水楼阁，和同时代的另一名画家董伯仁相比，他在画车马上更胜一筹。除了绢本绘画，史书中记载了展子虔曾在全国各地创作了大量壁画。可惜的是，我们既看不到他的壁画，也没有同时代的其他画家作品存世，两方面皆无法比较。

元汤垕在《画鉴》中写道："展子虔画山水，大抵唐李将军父子宗之，人物描法甚细，随以色晕开人物画部，神采如生，意度具足，可为唐画之祖。"初唐的李思训与李昭道父子在青绿山水画（勾勒填色法）方面取得了重要成就，与之相较，我们可以推测出展子虔作为青绿山水开山人的地位。

在这幅《游春图》中，我们可以感受到他在色彩使用上的"工巧细整"，山顶以青绿敷之，山脚则用泥金，树叶设色，或以色染，或以色填，或点以白粉桃红，松树不写松针，直以深绿点之。全图在青绿设色的统一格调下，显得富丽而古艳。

另一方面，即便它不为真，它"屡见著录、流传有序"的递藏过程仍令其有特别的魅力。关于这幅作品的著录见于元代周密《云烟过眼录》，明代文嘉《严氏书画记》、詹景凤《玄览编》、张丑《清河书画舫》，清代吴升《大观录》、安岐《墨缘汇观》，以及《石渠宝笈》续编等重要书画著录书籍。

在画前隔水上有宋徽宗赵佶题"展子虔游春图"六字，800多年来，这幅画历经宋徽宗、贾似道，元代仁宗鲁国大长公主祥哥剌吉，明代严嵩、严世藩父子，韩世能、韩朝延父子，清代安岐、乾隆帝等人递藏，直至溥仪将其偷运出清宫，经一番波折进入了琉璃厂古董商手中，最后被张伯驹先生买下再次回到了故宫。像这样著录翔实、历经各朝代著名藏家之手的古代珍品实不多见，在传世卷轴画中就更为罕见了。（撰文：吴丽玮　罗秉雪）

3

《伯远帖》：江左风华与聚散离合

从古代墨迹上我们看到的不仅仅是书法本身，还有断代史里的社会剖面，递藏史里的聚散离合。

真伪之辨

"珣顿首顿首，伯远胜业情期，群从之宝。自以羸患，志在优游。始获此出，意不克申。分别如昨，永为畴古。远隔岭峤，不相瞻临。"短短五行四十七字，写在一张泛黄且有残损的纸上，然而呈现在人们眼前的却是一幅极长的卷轴。《伯远帖》卷首有乾隆所书的"江左风华"四个大字，前隔水有御书："家学世范，草圣有传，宣和书谱。"又有讲述"三希"名称来源的题签："乾隆丙寅春月，获王珣此帖，遂与快雪中秋二迹并藏养心殿温室中，颜曰'三希堂'。"后隔水上则有明人董其昌、王肯堂的题跋，乾隆绘制的竹木文石图，以及清代董邦达遵照乾隆之命绘制的山水图卷，并大臣沈德潜所书"三希堂歌"。在原作的四周，有7枚乾隆骑缝印和一枚近代郭葆昌骑缝印。纸面上的3个古半印，已经漫漶不可辨识。

这些远超过原作篇幅的、纷繁的后人印迹，恰是后世对之顶礼膜拜、视若珍宝的证明。题跋、印章不仅记录了《伯远帖》传递历史中的部分轨迹，同时

（东晋）王珣行书《伯远帖》，现藏于故宫博物院

三希堂内部（视觉中国供图）

也为后人提供了对之进行考证、判断的依据。

　　这幅曾收入宋代《宣和书谱》的书法作品，知名度不如大名鼎鼎的《兰亭序》，在乾隆所藏的"三希"之中，也一度不如王羲之《快雪时晴帖》、王献之《中秋帖》，然而经由今人考证，其余二帖已经被确认为后人摹临，并非真迹，《伯远帖》却系王珣原书，成为如今存留于世的东晋唯一有名款的书法作品，从而成就了它极为珍贵的历史价值。另一件被认为是真迹的《平复帖》，人们虽然推测作者是陆机，但并无确凿证据。

　　古代书画的鉴定，正如书画大家徐邦达先生所说"真伪杂糅、花样繁多、离奇变幻"，某种意义上，后世书画鉴藏者只能无限地接近真相，却难有百分百确凿之论。

《快雪时晴帖》有赵孟𫖯的题跋，《中秋帖》《伯远帖》都曾入《宣和书谱》，乾隆皇帝得到三帖之后视为珍宝，然而清代吴升在《大观录》中即对《中秋帖》的真伪表示怀疑："此迹书法古厚，墨彩气韵鲜润，但大似肥婢。虽非钩填，恐是宋人临仿。"到了近代，张伯驹、徐邦达、庄严等人都疑为米芾所临。

而《快雪时晴帖》则有明显的双钩填廓痕迹，并非自然书写。曾任故宫古物科科长、后来押运故宫文物抵达台北的庄严写道："以其在书法本身价值来评，我认为钩描的线条涩而不活，填墨浓重而缺神气，乾隆御题'天下无双古今鲜对'，实在夸奖过了一些。"

而唯有《伯远帖》，"研究它的人也少，通常对它的争论也较少见。然而就其书法本身言，其运笔之潇洒淋漓，线条之粗细变化自在，以及整体之动态韵律起伏，都是被一般书家所称道的"。

《伯远帖》的真伪也经过了仔细的考辨。"《伯远帖》卷中原有徽宗赵佶题签、收藏印章和宋代章清的题跋，明代经吴其贞过目，顾复也见过。但是明末清初时这些题跋和印章被割掉了，在清代安歧收藏的时候就已经没有了。"故宫博物院古书画研究专家杨臣彬说，"按照宣和装的标准，都是用高丽纸镶边，有几方印章，一个是双龙玺，另外有宣和、政和，还有一方内府图书之印。但是现在这部分在伯远帖上都被裁掉了，上面已经没有任何宋代的痕迹"。

而如今纸上那三方古半印则始终难以辨识。无锡书画院的穆棣曾经考证出，位于"峤"字旁边的半印为"殷浩"二字，但是终究没有成为定论。

启功曾回忆，新中国成立后国家成立文物局，"由郑振铎先生出任局长，王冶秋、王书庄先生任副局长，后来又由上海请来张珩先生任文物处的副处长，谢稚柳、徐邦达、朱家济先生任鉴定专家"。"那时活动的主要地点在北海公园南门团城的玉佛殿，记得曾在那里鉴定过三希堂帖……我对着光看，只见《伯远帖》哪笔在前，哪笔在后都看得清清楚楚，当是真迹无疑。"

启功因而还题咏曰："王帖惟余伯远真，非摹是写最精神。临窗映日分明见，

王珣

转折毫芒墨若新。"杨臣彬20世纪五六十年代进入故宫，跟随启功、徐邦达鉴定古书画，对于在阳光下看《伯远帖》的先后笔顺这一情景也记忆犹新："墨迹上凡是后一笔叠着前一笔的地方，墨色就会较为黯黑，这是由于行笔时两次着墨所致。在阳光的透射下，可以看到笔画内不是'双钩填墨'的平涂，而是笔锋自然运行的顿挫使转。"

其实同样是双钩摹本，技法的高超与否，也会影响字迹的真实灵动与否。如《快雪时晴帖》的填墨就较为板滞，而世传所谓冯承素摹本的《兰亭序》采用的则是先摹后写的方法，并非一味填墨，笔势就畅通自然得多。

"必须是高手才能够这样摹，而且之前的双钩用的是极淡的墨，几乎看不出来。如果只是勾了以后再填，就过于死板，完全看不出笔锋了。"杨臣彬举例说，"比如王羲之的《丧乱帖》，它的双钩用了浓墨，以至于后来中间填的墨都掉了，勾的边还清清楚楚。"

但即便如冯本《兰亭序》这样高超的摹写本，也仍与手书的真迹有所不同，最容易分辨的就是笔的开叉处。晋人用笔崇尚硬毫，因其韧性强、弹性好，毛锥也具有较强的弹性，使得在完成一个书写动作之后，毛锥的自然恢复性强，有利于书写的连续性，不需要反复调锋，也使得所书写的点、线的形质相对保持稳定。

然而这就容易导致书写过程中开叉的出现。在《伯远帖》中，能看出字的开叉是在一笔中自然形成；然而勾摹本为了尽可能还原原作的本来面貌，往往只能通过两笔来表现开叉，在冯本《兰亭序》中，"同""群"等字的开叉，明显是摹写时刻意为之，而《伯远帖》通篇并无这样的不自然处，这也成为它是真迹的一个有力佐证。

对于古书画纸张的鉴定也是辨别真伪的一个重要因素。20世纪70年代，故宫博物院曾邀请中国科学院自然科学史研究室古纸专家潘吉星对所藏书画用纸进行鉴别。杨臣彬记得，因为《中秋帖》《伯远帖》仍采用清宫时的旧装裱，因此不能从古纸背面取纸样进行化验，只好通过放大镜观察。"《中秋帖》是很好判断的，竹纤维特别明显，又因为苏轼在《东坡志林》里说过'今人以竹为纸，亦古所无有也'，于是判定这是宋代的纸，那就不可能是晋代真迹了。"

潘吉星则后来发表《故宫博物院藏若干古代法书用纸之研究》一文，更为严谨地推测："竹纸取材于青竹之茎杆纤维，竹杆坚硬，不易烂碎，需沤制很久，还要用碱液蒸煮很长时间，再反复漂洗、舂捣始能成浆。竹纸应在皮纸技术成熟后才能出现。"唐代李肇《国史补》中虽然提了一句"韶之竹笺"，但至少"晋朝不可能有竹纸"。

然而《伯远帖》的用纸却始终无法定论。从对出土的魏晋南北朝时期纸张的化验结果来看，在这一时期人们主要使用麻纸，然而该帖除了在"相"字处有类似麻的纤维素，其他处则少见，且麻纸不蠹，但《伯远帖》上有明显的蛀蚀孔，而且"纸面光滑，不见帘纹"，在其他的古书画中从未见过这种纸张。

"直到现在，人们也没有确定《伯远帖》的纸张到底是什么纸。当时传说东晋时江南地区有剡藤纸，位于现在的浙江嵊州市。潘吉星、徐邦达等先生推测也许这就是剡藤纸。"杨臣彬说。

晋人之风

王珣与王羲之同属琅邪王氏后代，他的父亲王洽与王羲之是堂兄弟，素有书名。王氏一族，书法大家辈出，其中的翘楚自然是王羲之、王献之父子，而王珣的弟弟王珉在当时的名气亦超过王珣。

王珣的祖父王导、父亲王洽的书法，在南朝梁庾肩吾的《书品》中被同列为第六等，属"中之下品"，而其弟王珉则以"筋力俱骏"列第四等，为"中之上品"。唐代张怀瓘《书估》中，将王导、王洽同列第三等，而王珣与卫瓘、王徽之、羊欣等29人列第四等，评论王珣说他"才有得失，时见高深，绝长补短，智均力敌"。由此可见，王珣的书法，在时人眼中，并不能代表东晋的最高水平。

无论是东晋时期还是后人从书法史角度考察，王羲之都是中国书法史上关节点上的人物。赵孟頫说他开"魏晋新体"，他的书法正是处于书写方式从隶书向楷书过渡的时期。比王羲之更早的钟繇擅长"铭石书""行押书""章程书"等多种书体，各体均有不同的用处。

用于书写诗文、信件的行押书越来越多地成为晋人书法的代表。王羲之早期的《姨母帖》仍有着浓厚的隶意，后期的字体则更加流妍姿媚、遒润秀丽。王珣也身处这个书体转变的大潮流之中，然而较之王羲之的字体，他留下来的唯一书迹《伯远帖》在运笔和字体上都更近于"古"。

《伯远帖》中横向的线条多呈向下的曲弧，行笔线路多方折之势，使线形硬朗，而且线条的形态往往是顺笔势形成，行笔路线的变化，成就了线条的多样性，并且较多保存了当时楷书一笔一画的用笔特点。书法家、中央美术学院教授邱振中认为，这些笔法正体现了典型的晋人书写风格。

"人们最开始拿笔写字不涉及笔法，后来慢慢地摆动，写出来像柳叶一样的形状，有了粗细的变化。然后是连续摆动的笔法，导致了隶书的产生，并且带到了后世的草书和行书里。这种连续摆动的笔法的本质就是不停地控制，从始到终贯穿书写的动作。"

然而最关键的变化就在于楷书慢慢的出现。"为了书写的方便，人们把动作的变化移到笔画的两端，起笔和落笔的顿挫，而中间的线条没有变化。这就是唐代以后的楷书，全是这样的写法，直到今天也是。"

邱振中认为东晋时期处于转变之中的书写方式是最为复杂的——尤其以王羲之为代表——行书的书写，通过不停地摆动来实现对字形、线条的控制，而不是后人一提、一顿那种板正的书写方式。简而言之，书写依靠的全是线条的变化，而非笔锋的顿挫。

这种写法在人们看来也正符合晋人风格，在多变的线条中可以更多地体现个人的面貌。因而同样是行书，王羲之被认作"骨肉和畅"，王珣的《伯远帖》则是"骨力挺健"。尽管王珣书名不如王羲之父子，但人们对他们书法的评价，多少与个人偏好有关。

在《晋书》和《世说新语》的记载中，王珣和人们通常想象的魏晋时人任诞不羁的形象并不完全相符。王珣曾为桓温的掾吏，深得器重，深谙政治，也颇懂得保全自身之道。在权臣王国宝当政时他会避其锋芒；与桓温之子同游时，他颇有"捷悟"，能够保持自己作为下属的尊严与体面。

不同于王献之的淡然萧散，也不同于王珉的才气纵横，他是一个很有处世智慧的人。桓温之子桓玄后来评价他"神情朗悟，经史明彻，风流之美，公私所寄"。《世说新语》中关于他的记载，都收入"识鉴""雅量""品藻""赏誉"等条目中，也体现了魏晋风度的多种侧面。

彼时王、谢两大家族交恶，王珣甚至因为太傅谢安当权而被贬官，然而《世说新语》中记载，王珣与谢安同坐时，"神意闲畅，谢公倾目"，以至于谢安还向刘夫人说："向见阿瓜（即王珣），故自未易有。虽不相关，正是使人不能已已。"对他颇为想念。

而谢安死后，王珣前往"欲哭谢公"，被谢安下属督帅刁约阻拦，认为谢安

"官平生在时，不见此客"。这时的王珣颇有典型的魏晋之风，对此不加理睬，径自上前"哭甚恸"，然而之后又并不与谢安少子谢琰握手致意，孑然而去。

古人喜欢将"文"与"人"齐而观之，虽然并不科学，却颇有趣，并非全无道理。王珣在史料记载中的那种近于儒家的入世之风和与之并存的决绝峻峭，在短短的《伯远帖》书风中倒也可以窥见一二。而让乾隆赞之为"江左风华"的，也并不仅仅是书法字迹，还有卷帖之中所能传递的那个时代士大夫的气韵与风度。

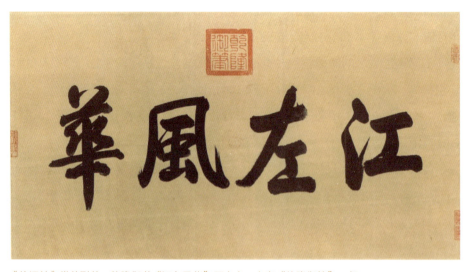

《伯远帖》卷前引首，乾隆御书"江左风华"四大字，上有"乾隆御笔"一玺

离合之缘

　　《伯远帖》在宋代之前的流传经过并没有清楚的著录，在宋徽宗时期入宣和内府，而后又在元明之际流落民间。

　　万历二十六年（1598），董其昌在北京见到《伯远帖》，购藏之后又对其重新装裱、题签，在后隔水题跋称："既幸予得见王珣，又幸珣书不尽湮没，得见吾也。长安所逢墨迹，此为尤物。"

　　七年之后，王肯堂又在新安人吴新宇处见到此帖并题跋。

　　清代初期，为安歧所收藏，著录在《墨缘汇观》之中。乾隆于乾隆十一年（1746）"丙寅春月获王珣此帖"，将它与其他"两希"置于养心殿温室中，著录于《石渠宝笈》初编，刻入《御制三希堂石渠宝笈法帖》。

　　文物最大的敌人，莫过于乱世，三希堂之宝也于清末的混乱中流落宫外。《快雪时晴帖》在溥仪出宫的包袱中被搜出，后来在国民党政府迁台时连同大量的故宫文物珍品被运送至台北。

　　而《中秋帖》和《伯远帖》则在皇室成员搬离皇宫、"清室善后委员会"接管故宫后失去了踪影。一种说法是敬懿太妃私带出宫，另一种说法则是溥仪将它们带到了天津张园。无论"二希"出宫的具体过程如何，几经辗转之后重现于世，是在古玩商郭葆昌手中。

　　庄严回忆，1933年，他奉命押运故宫文物南迁之前，郭葆昌特别邀请时任故宫博物院院长马衡、古物馆馆长徐森玉和他，到坐落在北平秦老胡同觯斋的家中吃饭，"饭后并取出他宝藏的翰墨珍玩，供大家观赏，其中赫然有中秋、伯远二帖"，而且郭葆昌"当着来客及公子郭昭俊的面说，在他百年之后，将把他所拥有的此二希帖，无条件地归还故宫，让快雪、中秋、伯远三帖再聚一堂；且戏称要我届时前往觯斋接收"。

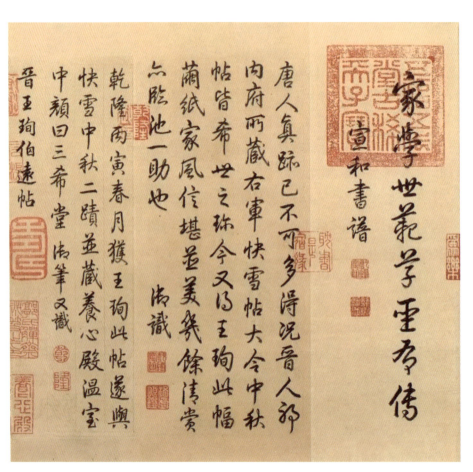

乾隆御书"家学世范，草圣有传，宣和书谱"12字，下有三玺："乾隆宸翰""几暇临池""耽书是宿缘"。又题："唐人真迹已不可多得，况晋人耶！内府所藏右军快雪帖，大令中秋帖，皆稀世之珍。今又得王珣此幅茧纸家风信堪并美！几余清赏亦临池一助也。御识。"

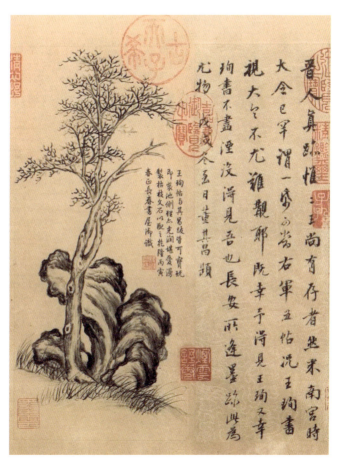

乾隆在《伯远帖》卷后御绘枯枝文石，并识"王珣帖与其昌跋皆可宝玩，即装池侧理亦光润堪爱，漫制枯枝文石以配之。乾隆丙寅春正，长春书屋御识"

而到了1937年，张伯驹在郭葆昌处亦见到了这两幅字帖。他考虑到郭葆昌"旨在图利，非为收藏"，担心两帖流落海外，于是请惠古斋柳春农居间说和，购买二帖。

多年后张伯驹在他主编的《春游社琐谈》中回忆了购买过程："郭以二帖并李太白《上阳台帖》另附以唐寅《孟蜀宫妓图》轴、王时敏《山水》轴、蒋廷锡《瑞蔬图》轴，议价共20万元让于余。先给6万元，余款1年为期付竣。至夏，卢沟桥变起，金融封锁。款至次年期不能付，乃以二帖退还之。"原本能够留在大陆、以期与《快雪时晴帖》重聚的二帖，终因时局而错失了这次机会。

1949年，国民党败退台湾，《快雪时晴帖》也运至台北。郭葆昌之子郭昭俊携带中秋、伯远二帖到了台北，对庄严"旧事重提""欲履行他先父的宏愿"。然而彼时郭氏已经家财散尽，郭昭俊提出希望国民党当局能够"赏"给他一点报酬，再将二帖"捐赠"出来。然而最终因国民党当局"来台不久，一切措施尚未能步上正轨，财源短细，实在无力顾及于此"。

而在当时的大陆，二帖远去台湾的消息也引发了大量关注，《新民晚报·艺坛通讯》写道："王珣、王献之二帖，今由郭昭俊自中南银行取出，携至台北，将求善价。此种国宝竟容私人如此挟逃，又竟无人管，怪极。"

张伯驹当时任故宫博物院专门委员，念及当年购而未得，又连续发表关于故宫收购书画之事。郭昭俊后来又携二帖去了香港，并因生活窘迫将之抵押给英国汇丰银行。

抵押将于1951年底到期，而他无力赎回，就在二帖极有可能易主海外之际，时任文物局局长的郑振铎率领中国文化代表团离京出访印度、缅甸，在途经香港做短暂逗留时，意外得悉二帖在香港的消息。

郑振铎闻此情由，向中央报告，希望政府能出资购买，周恩来总理得知后作出批示："同意购买回王献之《中秋帖》及王珣《伯远帖》，唯须派人员及识者前往鉴别真伪。"当年在郭葆昌家意外见到二帖的马衡、徐森玉，与时任国家文物局副局长王冶秋组成专家小组前往鉴定，并最终在1951年11月成功将二帖购回。根据马衡1951年11月20日的日记记载，中秋、伯远二帖本息共为港币458376.62元，另付郭昭俊3万元。

当年押运《快雪时晴帖》至台湾的庄严后来担任了台北故宫博物院副院长，故宫文物两岸分离，他与老师马衡、徐森玉也从此分守两岸。

庄严一生自称"守藏吏"，对他的儿子庄灵曾言，三希重聚是他"最大的愿望"。1979年，庄严住院时，徐森玉之子徐伯郊为他带来香港某书局印制的《伯远帖》复本。在《伯远帖》卷尾，有沈德潜当年奉乾隆之命所书的《三希堂歌》："东晋至今十六世，离合聚散同烟云。"在遗著《山塘清话》里，庄严写道："消遣玩赏之余，不禁感慨万千，不知何年何月，三希帖才能重新聚首。"（撰文：周翔）

4

『十全』乾隆的书画情怀

长久以来，乾隆书画在拍卖市场受到追捧，但在学术界的研究中却一直受到冷落。应当如何理解乾隆在书画上的造诣？

反差：一个观展的背景

乾隆皇帝的书画作品一直是拍卖市场的宠儿。

2014年底，一卷经过《石渠宝笈》著录的乾隆御笔《白塔山记》拍出了1.1615亿元的高价，成为2014年全球中国书画拍卖价格的最高纪录。

2015年，保利十年春拍的中国古书画夜场上，乾隆帝《御笔平定台湾二十功臣像赞》又以7475万元人民币成交，创造了春季中国古代书画的拍卖纪录。

与此相对，学术界对于乾隆在书画活动方面的研究却相当寂寥。他的行书被形容成是软弱无力的"面条字"或者"蚯蚓体"，在艺术价值上不值得一提；他喜欢在内府收藏的书画珍品上题字，比如在最钟爱的"三希"之首《快雪时晴帖》上题字赋诗多达73处，这样的题识习惯被认为是"毁画不倦"，破坏了原作在构图上的经营；他的鉴赏眼光也被讥讽成是"二五眼"，一个典型的例子就是后世称为"子明本"的元代黄公望《富春山居图》被乾隆当成真迹一再题记盖印，第二年出现的真作反而由他授意词臣梁诗正撰写长跋，说它"笔力苶弱，其为赝鼎无疑"。

这些对乾隆形成的普遍共识，对他的相关研究也变得"格调不高"，以至于鲜有学者愿意"屈尊"。在一次《石渠宝笈》国际研讨会上，想要为乾隆研究正名的著名书画专家、台湾大学傅申教授就讲起这样一段逸事：一次他去拜会饶宗颐先生，对方问他最近在研究什么，他不好意思说是乾隆。没想到饶先生主动说："乾隆深不可测。我对乾隆的评价也越来越高。虽然我也恨他，很多时候被他搞得晕头转向的。"傅申说，他近年来的关注点集中在乾隆的书画鉴藏活动。

傅申做过一次有意思的演讲，叫作《乾隆丙寅：乾隆在书画鉴藏史上的丰收年》。他注意到诸多乾隆的题识上都落款"丙寅"的年号。于是他考察了那一

（清）盖有"古稀天子"印章的乾隆画像，现藏于台北故宫博物院

年的国家面貌——1746年的清王朝有着充裕的国库和稳定的社会，这成为乾隆进行大规模、高密度的收藏和鉴赏活动的前提。让傅申遗憾的是，在台湾地区，除了乾隆在书画上的题识之外，很难见到乾隆单独摹写或创作的书画作品，这成为开展研究的一个局限。

关于乾隆御笔的最大一笔收藏当然在故宫。作为清朝在位时间最长、创作热情也最为高涨的一位帝王，乾隆留下了绘画作品1000余件，书法作品1万多件。

故宫书画部研究员王亦旻说，"帝后书画曾经很长时间都没有被重视。当年清帝退位之后，这些存放在避暑山庄及各地行宫的清代帝后书画，除一小部分流落民间外，绝大部分被集中运到故宫庋藏"。

一个殿堂摘下来御笔横批、对联、条幅等贴落就卷成一卷，进行简单登记后，就放在那里基本不动。溥仪从故宫拿走的书画中，包含了一部分卷册形制的御笔作品，现在国内外拍卖市场上所见的乾隆书画多来源于此。其余存放在故宫的这些御笔书画，抗日前夕文物南迁及后来国民党撤退大陆时，都没有被挑选带走。

中华人民共和国成立后，故宫对书画藏品进行整理时，也只是把帝后御笔中占很小比重的卷轴册书画做了简单编目，其余2万多件贴落书画则未做清理。古书画鉴定家徐邦达先生针对溥仪时期编写的《清故宫旧藏书画目录》做整理鉴定时，更是把其中皇帝御笔和词臣书画两部分内容全部排除在外，认为它们不存在真伪问题及艺术价值不高。

直到20世纪80年代末，这批帝后御笔贴落才得到了第一次清理。当时存放的地面库房是祭神库，条件比较差，加之几十年来鲜有人翻动，作品上面都布满了厚厚的灰尘，清理工作异常艰苦。这次清理把帝后御笔按照书法、绘画进行了分类，为进一步细致整理打下了基础。

进入21世纪，书画文物搬入地下库房后，又对这批贴落进行了第二次整理和编目。王亦旻记得："每次从库房里出来，整个人就好像白居易《卖炭翁》说的'满面尘灰烟火色'。"

那次整理的成果是所有帝后书画全部经过了信息登记，并存放在文物柜中。专注于书法研究的王亦旻于是单独建立了一个关于乾隆书法的数据库，系统来看乾隆创作。

乾隆墨迹所涉及的时间跨度和包含的丰富信息，是任何一个清代帝王都无法比拟的。"比如雍正就没有留下少年时代的习作，因为他成年后久居宫外，皇子时期的墨迹留存不多。乾隆则不同，故宫现在还保存着他最早的作品，是12岁时的书法临摹习作。"

清宫《石渠宝笈》著录有顺治书画40多件，康熙240多件，雍正50多件，乾隆2000多件，嘉庆250多件。如果算上历代帝后贴落书画，则有近2万件，其中乾隆的作品占了一多半。

"以前描述乾隆书法，就是笼统地说，他受到董其昌影响，又学赵孟頫，字迹缺乏变化，'千字一面'。但细究这1万多件作品，是非常复杂的。董其昌在什么层面上影响了他？又为什么得出他钟情赵孟頫的结论？他的字初看雷同，却一直都有变化。乾隆一生的书法全部看下来之后，依照他的演变规律，我们可以对其书法作品的年代做一个大致的判断，误差不超过10年。"

乾隆御笔本身有再研究的价值，它本身也是难得的史料。不必说内容，仅仅是每年变化的数量就可以成为当年国情的佐证，究竟哪段时间乾隆是受政务牵扯，哪段时间他又可以完全沉浸在河清海晏的盛世景象，游艺翰墨，"几暇怡情"。

一方面是拍卖市场的追捧，另一方面是学术圈逐渐展开的对乾隆书画活动的零星研究，这就形成了一个鲜明、有趣的现象。乾隆不是一位纯粹的艺术家，他是清朝入关后的第四位满族君王，是清帝国最大的私人收藏家，也有着平衡艺术与政治的"十全"企图。理解乾隆的书画造诣，也许应该放置在这样的维度之下。

先皇遗风与书法启蒙

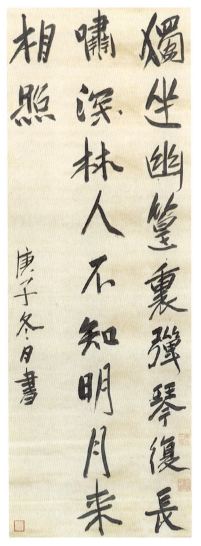

（清）顺治《临王维诗轴》，现藏于故宫博物院

在2015年举办的《石渠宝笈》特展的武英殿主展厅，可以看到五幅清代帝王的作品。

顺治是一幅《临王维诗轴》："独坐幽篁里，弹琴复长啸。深林人不知，明月来相照。"这首五绝是王维的《竹里馆》，顺治用笔顿挫明显，字与字之间相互间隔错落，整篇书法劲健而古朴。

康熙是一件《四十一年除夕书怀轴》，为康熙49岁所书，它能够看出董其昌书法的韵致，又存有自家的面目，是康熙中年时期的代表作。

雍正是一卷《行书柏梁体诗序卷》，它也是雍正49岁所作，字体瘦劲紧结，点画收放相宜，其中既有董其昌的风格，又有当时朝野渐行的馆阁体书法的痕迹。

乾隆的作品是一轴《岁朝图并新正重华宫诗轴》。每年农历新年来临前，乾隆都要绘制《岁朝图》，它上面通常有山珍蔬果、文房清玩、吉祥图案等形象，用来表达对新年的喜悦和祝福。画上有乾隆的御制诗，正是熟悉的行书，虽然有些缺乏力量，但也婉

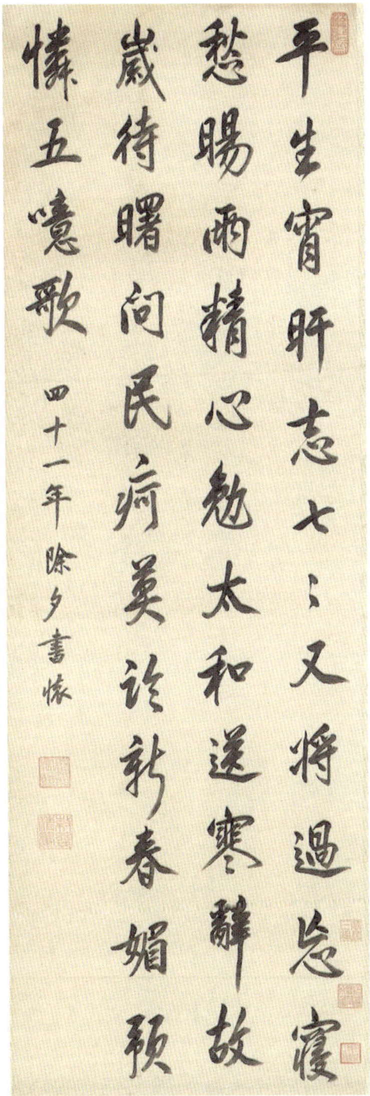

平生宵旰志七：又将過忽霞
愁賜雨精心勉太和送寒辭故
歲待曙问民疴羡诊新春媚預
懍五憶歌 四十一年除夕書懷

考槃雖在陸滉瀁水
雲深叵爾滄洲趣難
忘貌潤心 朱子詩

（清）康熙《四十一年除夕书怀轴》 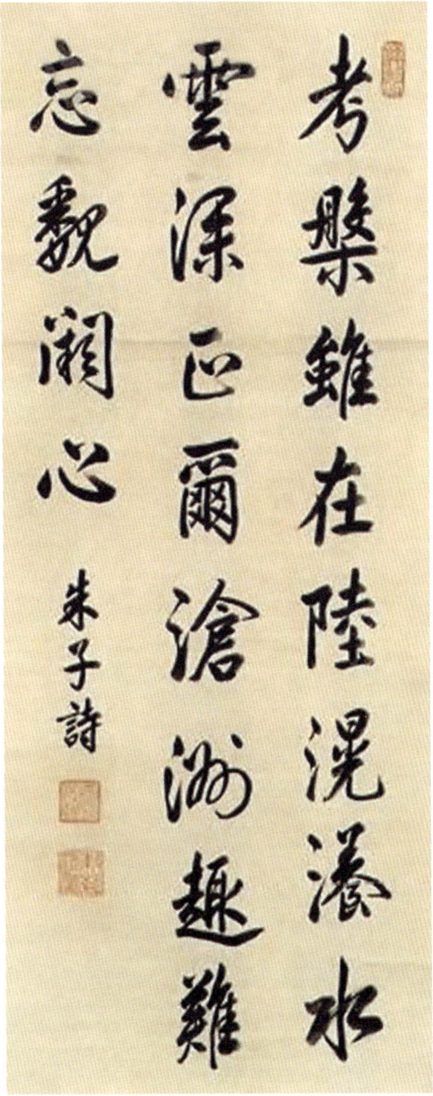　　　　（清）康熙书法作品，现藏于故宫博物院

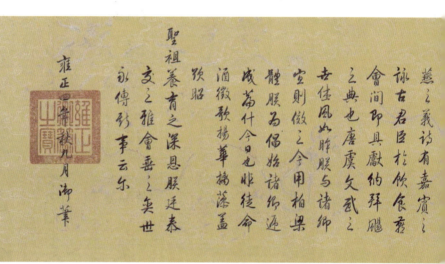

（清）雍正《行书柏梁体诗序卷》

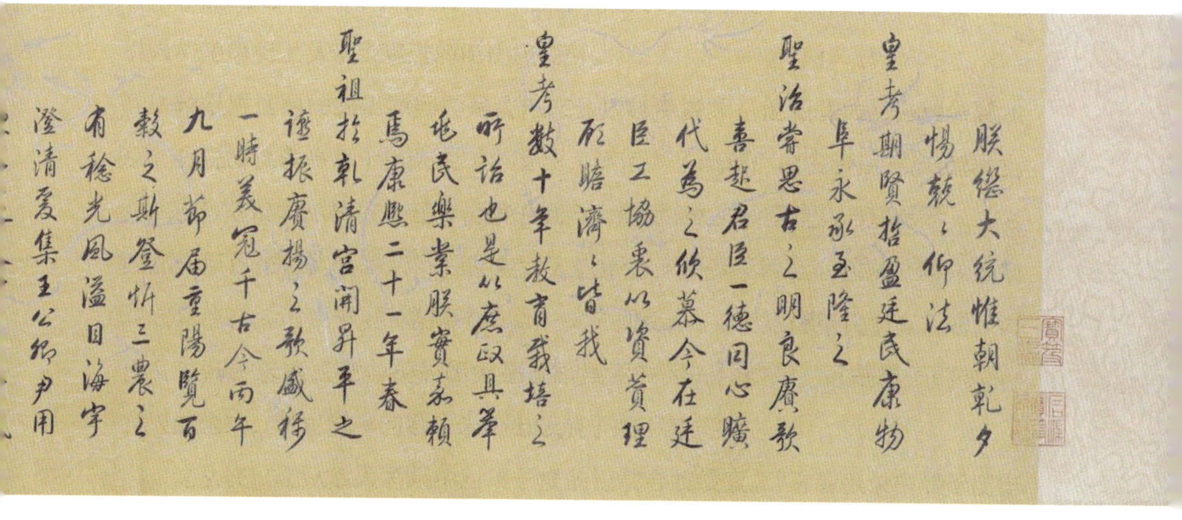

朕繼大統惟朝乾夕

惕頫頫仰法

皇考期賢哲盈廷民康物

阜永承至隆之

聖治寄思古之明良賡歌

喜起君臣一德同心曠

代為之欽慕今在廷

臣工協裹以資贊理

庶膽濟濟皆我

皇考數十年教育栽培之

聽治也是以庶政具舉

黎民樂業朕實嘉頼

馬康熙二十一年春

聖祖於乾清宮開昇平之

讌振廣揚之歌感移

一時義冠千古今雨午

九月節屆重陽覽百

穀之斯登忻三農之

有稔光風溢目海宇

澄清爰集王公紳尹用

转流畅。

看完这四位帝王的作品，也许会发出这样的感慨：四人中书法水平最高者是雍正；最具个性者是顺治；最宽厚稳重者是康熙；而最为自信者是乾隆。有清一代，一直持续到乾隆，帝王的书法都维持了较高的水准，之后到了嘉庆才出现了转折。

在武英殿展厅中的嘉庆楷书《幻花十二咏卷》和反映《石渠宝笈》编纂过程的延禧宫展厅中的嘉庆行书《苏轼腊日游孤山诗轴》，通篇规规矩矩，死板拘谨，仿佛字如其人。

王亦旻说，自乾隆的下一辈开始，皇子之间就隐隐出现了某种分工。属于政治接班人的皇子就无法兼顾书画上的造诣，而与政治无关的皇子则寄情于诗文书画。

展厅里有乾隆第六子永瑢的绘画《御制载月十咏诗意》，整幅画清逸隽秀，清墨淡渲，描绘了承德避暑山庄月夜游湖的胜景。永瑢本人工篆隶，擅绘画，时人常将他与倪瓒相比，他又是《四库全书》的领衔编者。

为什么乾隆成了清朝最后一位具有才情的"全能"君主？王亦旻说，这首先和个人的天赋有关，其次就是清朝国运开始由盛转衰，帝王在处理政事之外，无暇顾及其他。

从顺治到乾隆，四任帝王对书法的研习有着相似之处。统治者为了稳固江山，对汉文化一直非常重视。顺治开始学汉文的时间很晚，他14岁亲政时，仍然对汉文十分陌生。他曾说："阅读诸臣奏章茫然不解，由是发奋读书。每晨牌至午，理军国大事外，即读书至晚。"这种勤奋弥补了他早年教育上的缺憾。

书法是汉文化的一个重要组成部分。在书法学习上，顺治走的是历代学书者的一般路径，也就是从临摹晋唐人楷书开始，进而扩展到古代诸家。明末清初，董其昌的书法风格在书坛上占据了统治地位，无论创作还是理论，他的作品都代表了帖学大兴时期文人书家所能达到的最高成就。

处于这样的时代背景中，顺治也受到董其昌风格和理论的影响。王亦旻认为，顺治的字显得无拘无束，有着第一位入关统治者无遮无拦的气概，乍看上

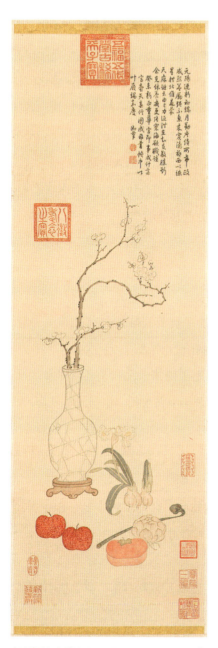

（清）乾隆《岁朝图并新正重华宫诗轴》，
现藏于故宫博物院

（清）永瑢《平安如意图》

去没有董其昌的味道，但其实体现出董其昌"禅意"的境界。

康熙的汉文化启蒙老师是身边张姓、林姓两位太监，康熙称他们是"俱及见明时善于书法之人"。他学习书法的方式也是从晋唐楷书入手，到遍临诸家法帖。老年的康熙曾以自己刻苦的学书经历教导儿孙："学书须临古人法帖，其用笔时轻重疏密，或徐或疾，各有体势。宫中古法帖甚多，朕皆临阅……临摹虽难，朕不惮劳，必临摹而后已。朕素性好此，久历年所，毫无间断也。"

故宫书画部研究员杨丹霞说，那些对宋元大家的临仿之作藏于深宫之内，不为人所知。而康熙中年之后，数以千计临仿董其昌的作品，由于频繁赐给各级官员，面貌更为人了解和接受，以至形成了一提玄烨书法就唯以董书作论的成见。

康熙18岁之后，跟随沈荃学习，沈荃推崇董其昌的书法，尤其行书，这才让康熙日渐欣赏和主动模仿董其昌书法。康熙夸赞董其昌书法："如微云卷舒，清风飘拂，尤得天然之趣。尝观其字体、结构皆原于晋人。"

康熙40岁之后的书法，在骨法、运笔和笔墨韵味上都和董其昌非常接近，但杨丹霞评价，这只是一种形似而非神似。"董书强调生拙。生拙并非笨拙，而是蕴含秀巧，尤其行书的使转，处理让人称绝。康熙并没有完全掌握董书的精髓。"并且康熙同时"学"到了董书的优点和缺点，"比如行书的字形右肩耸起以及竖笔的流滑，这也是许多临习董字书家的通病"。

康熙如此崇尚董其昌的书法，所以深刻影响了他的皇族子孙。雍正曾说："早蒙皇考庭训，仿学御书，常荷嘉奖。"他不但可以模仿康熙的书法，而且水平不在父亲之下，所以经常为他代笔。

《养吉斋馀录》曾记载："圣祖最喜世宗宸翰，每命书扇，岁书进百余柄。有旨不令书名，并用闲字图章。"也是由于这种字迹上的相似，才会形成之后雍正矫诏篡位的传说。杨丹霞说，实际上雍正与康熙晚年一味临董时表现的软弱、单调不同，成熟时期的雍正书法呈现的更多的是笔墨朴厚饱满、风格酣畅淋漓的特点。这一方面是由于雍正去世早，传世大多是他精力旺盛的壮年之作，一方面也是二人个性不同，康熙温和，雍正自负，因此在书写时多少也会流露一二。

乾隆继承了先皇祖辈在练习书法方面的勤奋。王亦旻说，清宫旧藏中有一批乾隆作为皇子时的书法习作，时间从康熙六十一年冬月开始，一直到雍正十三年八月结束，全面反映了乾隆从12岁到25岁书法启蒙阶段的学书经过。

"可以看到，除了节日和极少特殊情况，例如康熙去世，乾隆的书法练习极少间断。"王亦旻说。乾隆的书法基础学习阶段主要是对康熙的御笔进行临写，或者看康熙挥毫作书，并不是一种系统的日课。

雍正元年，乾隆有了专门的老师。他从颜真卿的《多宝塔碑》这部历代公认的楷书范本开始练习大楷书法，接着依照一些楷书诗的范本摹写，进而又以王羲之的《乐毅论》为范本来临摹小楷，最后为了雍正六十大寿抄写《陀罗尼经》作为贺寿礼物，转向了大楷的练习。

"老师对乾隆要求非常严格。乾隆多次因为用笔草率，急于求成而被老师批评。比如练习《多宝塔碑》，本来是以半透明的荆川太史纸蒙在上面来摹写，但

乾隆皇子时期书法作品，红色为老师批示，现藏于故宫博物院

摹写的速度慢，乾隆就改成了摹一天，再临一天。结果临写的质量太差，被老师朱批'记打三板'。"夹杂在这些习作当中还有一些不是作业的书法草稿，其中就有临摹董其昌书宋儋《接拜帖》。

"尽管没有受到系统的行草书训练，但因受到父亲、祖父爱好董书的熏陶和书坛风气的影响，加之临摹楷书多年，便有些许神似。"在王亦旻看来，董书对乾隆行草书的影响既是最早的，也是最大的。

雍正十三年八月十三日，雍正突然驾崩。乾隆的书法作业便在雍正去世前这一天停止了。乾隆曾评价雍正的书法："（雍正）居潜邸时，常以图史翰墨自娱，雅好临池，陶镕晋唐宋元以来名家墨妙，历年所积，充牣琅函。"

王亦旻说，乾隆做皇子的时间太短，无法像父亲那样系统扎实地提高自身书法修养。从此乾隆的字便成为御笔，身边的老师也无法像以前那样客观评价、指摘不足。乾隆也不能再静心完成书法的基础性练习，而是按照自己的意愿和喜好尽情尝试各种风格。这种基础不扎实的前提便局限了他的书法造诣。

董其昌的书法观里有个"熟后生"的概念，说的是在遍临诸家掌握法度和技巧后，还要寻找那个原生态的自我，以保持自身的特色。"乾隆看中了董其昌的思想，决定要'写自己'，以自家面貌来化诸家。但大部分人都是写自己；下一个阶段是'学得像'；再下一个境界才是形成自身的风格。乾隆其实是从董其昌的理论里找到了一种托词。"

收藏、创作与鉴赏

乾隆即位后，便凭借对于书画的喜好和强烈占有欲，大力从民间搜集书画名迹。明末清初由于社会动荡流落于各地的名迹，已逐渐归入几家巨富之手，这为乾隆的致力访求，创造了有利条件。

像是河南商丘的宋权和宋荦父子，曾为清政权的巩固出过力气，家中收藏的《宋元宝翰册》就是雍正的赏赐之物，有雍正的"钦赐臣权"印，父子相继保藏，视为殊荣。连同他家两代购藏之品，大有可观。

到了乾隆年间，宋家通过献纳，这些名迹先后流入内府。又比如安岐的"古香书屋"中晋唐两宋以下名迹，经过沈德潜从中斡旋，也悉数进入宫内。顺治期间，经他赏赐的方式使内府书画大量流出；到了乾隆时期，内府书画外流的现象基本绝迹，除了臣工进献，还有少量购买和抄家籍没等方式，内府书画便又由散到聚，数量猛增。

乾隆八年，他开始根据内府收藏主持编纂大型书画著录文献《秘殿珠林》和《石渠宝笈》。如同他推动的另一项"文化工程"《四库全书》的编纂一样，他想表明对汉文化的重视，也借此厘定汉文化的正统。

于私来讲，这部书相当于乾隆个人收藏的"账本"。内府书画，经过乾隆和编纂词臣的逐一鉴定，上等在前，次等附后，用千字文来编号。上等记载材质、尺寸、款式、收藏印记、题跋以及乾隆题字；次等仅录作品名称和本人款识，不记尺寸和印章，但如果经过乾隆过目，仍然详录，只是不记他人题跋文字。

上等作品确定后钤"石渠宝笈""乾隆御览之宝""乾隆鉴赏""三希堂精鉴玺"和"宜子孙"五印，称作"五玺全"；次等作品仅钤"石渠宝笈"和"乾隆御览之宝"两印。乾隆九年至十年编纂完成的为初编，乾隆五十六年至五十八年完成的是续编，最后的三编完成于嘉庆二十年，历时10个月。

从质量来看，续编集中了乾隆内府收藏的精华，初编时期则有乾隆刚即位不久、藏品不多、乾隆和词臣们鉴定经验不足的局限。而到了三编，上等作品几乎被续编囊括殆尽，便以乾隆和嘉庆父子的书画作品为多。

文博学者杨仁恺评价《石渠宝笈》的著录"就翔实性而言，要比《宣和书（画）谱》为优；如论精确性和科学性则远不如清初顾复之《平生壮观》和吴其贞之《书画记》"。出于政治原因，"四僧"中的八大山人、髡残、弘仁的画幅是看不见的；又出于艺术门派的考虑，"金陵八家"和"扬州八怪"的作品也没有进入著录。

但《石渠宝笈》开创了一种特别的编写体例：以往书画著录都是按照书画题材类别和作者生活的朝代先后来记录，《石渠宝笈》则以贮藏地点为分类原则，除了紫禁城内的宫殿，还涉及圆明园、避暑山庄等各大行宫。

这不禁让人联想到欧洲一种叫作"记忆宫殿"的记忆术——在心里想象一个日常生活中熟悉的空间，可以是一个房间或者一个柜子，然后把需要记忆的东西放在空间里的不同地点上。

传教士利玛窦在江西南昌时曾经翻译过一本小册子《西国法记》，向中国人介绍这种记忆术。虽然没有直接证据证明乾隆看过此书，但不妨碍我们来做大胆猜想——乾隆正是以这种方式，牢牢记住了每一件心爱藏品的信息和它们的储藏位置，随时都可以到访或者叫人取来观摩。

占据帝国大量精美的书画收藏，乾隆便可以在政务之余徜徉其间，优游涵泳。向黄仁宇的经典作品《万历十五年》致敬，作家吴十洲也随机选择了乾隆三十年正月初八这个平常的日子写下一本《乾隆一天》。根据宫中档案的大致记载，他想象乾隆是在酉初至酉正（即傍晚17时至18时）到养心殿西暖阁临窗最西头一间的三希堂赏玩书画。

史料中并没有确切记录表明正月初八这天乾隆究竟欣赏了哪一幅书画，不过根据御制诗可以了解，从初一到初八乾隆共御览过书画9件，其中第一件便是明代文徵明的《松堂吟赏小轴》。乾隆题诗的最后一句是"个中寻独乐，不拟客来逢"，他似乎也想闭门待在画中那方由荒草、古屋、老松、清茶构成的小世界中。

"无论是书法还是绘画，乾隆有很大一块作品都属于'临古'。乾隆的书画活动有两个向度，一个是'入'，是收藏，是对古人精神世界的进入；另一个是'出'，就是要通过创作和鉴赏去表达对收藏的感悟。"杨丹霞这样说。

"临古"也就是在古人书画作品前来创作，其实有三种不同的方式。"摹"是完全一样的照搬，比如乾隆对赵孟頫的《红衣罗汉》就是照摹，但是照摹之后，乾隆在作品题跋来抒发己见："夫罗汉以德称不以貌较，观此则松雪尤未免有执相之见也。"赵孟頫号"松雪道人"。乾隆的意思是赵孟頫作此画难免太较真，罗汉者，并非都是西域僧，只要世间有罗汉精神的人，都可以称之为罗汉。"摹"之外，"临"只是意蕴在，形态则有差距，而"仿"就离得更远。

绘画方面，乾隆最初喜爱宋人的院体画。"那种精细的、优美的风格看上去浅显易懂，不需要太多素养也可以欣赏。但是模仿起来就很困难，它需要具有写生的功夫。乾隆早期画的花果笔墨缺乏生气，线条沉稳但缺乏流畅感。"

"他也有画得比较好的工笔画，比如《九思图》和《三余逸兴图》，这种参差的创作水平，就说明它们可能出自代笔。"乾隆后来转向了对"元四家"文人画的推崇，一方面是他的欣赏水平不仅停留在表象——"气韵""神韵"是他称赞以赵孟頫为代表的"元四家"绘画时最常用到的词；另一方面，他也是为自己的摹仿不佳制造借口，毕竟强调表达志趣和抱负的文人画没有太高的写生功底的要求。

书法方面，乾隆有着崇尚经典的情结。"书法史上，晋人书法为'根'，唐人书法为'干'，宋人是'枝'，之后如赵孟頫和董其昌都算作'叶'。内府收藏中所藏名迹琳琅满目，乾隆学得最多的是东晋的'二王'，其次是苏轼、黄庭坚、米芾和蔡襄为代表的'宋四家'。"

乾隆在《快雪时晴帖》《游目帖》《七月都下帖》《行穰帖》等王羲之作品的题跋中，都夸赞他"龙跳天门，虎卧凤阙"，这八字是对王羲之书法的典型描述，反复书写此句，乾隆意在表明他的书法正是以经典为依托。而最能体现乾

乾隆御笔"三希堂"纸匾，现藏于故宫博物院

隆对"二王"推崇的是"三希堂"的建立和"三希堂法帖"的汇刻。乾隆将《三希堂法帖》刻印成册分赐下臣，希望能够引领一时风尚。

但为什么后人往往评价乾隆的字是学赵孟頫？王亦旻认为，这也许是和康熙以来对于书法"正"的讲求有关。康熙《佩文斋书画谱》御制序中说："书者，六艺之一。昔柳公权言'心正则笔正'。"

"遍临诸家名帖的乾隆一定不会错过赵孟頫的字。赵孟頫的行书最'正'，所以就成为乾隆经典情结下主动的艺术选择。"王亦旻说，清代的书法评论界就说乾隆的书法赵孟頫的面貌，"还有一个原因，就是那时候人们看到的乾隆的真迹不多，都是碑和匾之类的。这种字体修饰痕迹很重。修饰过的墨迹更加美观端庄，笔画更加匀称，以这个角度去看，确实非常像赵孟頫的风格"。

乾隆的鉴赏能力总是为人诟病。根据《式古堂书画汇考》，宋代王诜的《行书颖昌湖上诗词卷》后面原来有元代赵肃，明代王洪、陈继儒，清代曹溶的四段跋文，收入清宫时，四跋均已逸失，却添上了蔡襄、黄庭坚和苏轼的三跋。乾隆题曰："三跋皆伪。"这个判断只说对了一半。

后来经过故宫专家鉴定，认为三跋中蔡襄跋是添加了"襄"字伪款的无名氏墨迹；苏轼和黄庭坚二跋皆为真迹。但这三跋都不是此卷的原配，而是当时的古董商为了让画卷增值从别处挪移上去的。如今两段跋文真迹已经被从原作上拆分下来，作为独立文物进行保存和展示。

作为清帝国最大私人藏家的乾隆鉴赏力却不应该轻易否定。且不说《石渠宝笈》里收录有诸多真迹——因为这很难区别究竟是乾隆的判断还是词臣们的判断，仅仅看乾隆在画上题识就可以看到他的深究之功力，以及随着藏品增多而不断进步的眼光。

故宫的顾恺之《洛神赋图》卷中有乾隆在十四年、三十年和五十一年的三次题识，显现出乾隆本人对画作的严谨考据。乾隆于十四年书："此与三希堂王氏真迹皆足为《石渠宝笈》书画压卷。"乾隆于三十年又怀疑它是摹本："绢新于第二卷，此宋笺却旧。"这是因为又有另外一卷《宋人仿顾恺之洛神图》进入内府收藏。以至于他在拖尾处挖补御书，再述该画真伪；等到五十一年，随着收进一卷《李公麟临洛神赋》，乾隆在画卷引首处总论内府收藏的三个版本，此卷因深秀古雅被认定为真迹，御题"洛神赋第一卷"。

"所谓鉴赏能力，一定是好东西见多了才会具备。清宫旧藏的东西流散到民间，成就了民国张伯驹、吴湖帆、潘伯鹰等多位藏家。可以说，他们都是拜乾隆所赐。如果一个鉴定家说这一辈子没看走眼过，他一定是伪鉴定家。"杨丹霞说。

"十全"乾隆：艺术与政治

　　历史上有另外一位热爱书画的帝王能和乾隆相比较，他就是宋徽宗赵佶。徽宗独创了别具一格的书法字体"瘦金体"，他擅长花鸟绘画，作品是"诗书画印"相结合的典范。他还主持了《宣和书（画）谱》的编纂。在书画水准上，宋徽宗是比乾隆高超得多的艺术天才，但他在治国方面却一塌糊涂。他在位期间，重用了一批奸臣，又穷奢极欲，到处搜罗奇花异石，建造宫殿园林。各地民变，国家空虚，金军乘虚而入，徽宗成了亡国之君，最后被掠去北方，死于软禁之中。

　　多年从事徽宗研究的台北故宫博物院助理研究员陈韵如观察到了徽宗形象在历朝历代的变化。她说："北宋末年的画论家邓椿是第一个徽宗形象的塑造者，他的《画继》开篇就用'艺极于神'一词来说徽宗对画坛的影响，这种突出徽宗艺术家身份的评价到元代还在持续。明代开始形成批判的徽宗视野，到了清朝，'失败的帝王'与'杰出的艺术家'之间构成了一种对立，是种非此即彼的关系。"《故宫的风花雪月》的作者祝勇将这种逐渐形成的思维模式形容为困扰帝王的一种"魔咒"，"好像'玩物便会丧志'，两者不能兼得"。

　　乾隆如何破除这种"魔咒"？他的做法是让自己的书画活动能有一个道德正确的前提。这在乾隆对宋徽宗作品的观看中就有所体现。在宋徽宗所作但疑为画院画师代笔的《雪江归棹图》中，乾隆题诗："山如韫玉各分层，水自拖银波不与。艮岳宁惟擅花鸟，化工多处固多能。窜改右丞姑弗论，跋存楚国信非夸。以斯精义入神思，为政施之岂致差。"前面夸赞一番宋徽宗的工笔技巧的高超，最后两句依然是讽刺，如果徽宗愿意把这番心力用于治国，肯定不会太差。另外一幅宋徽宗的《枇杷山鸟图》中，乾隆也御笔题有前褒后贬的诗句："结实圆而椭，枇杷因以名。徒传象厥礼，奚必问其声。鸟自托形稳，蝶还翻影轻。宣和工位置，何事失东京。"

乾隆还通过书画活动来表达治国安邦的理念。杨丹霞说，比如乾隆二十二年冬天，他画下《梅花天竺图》，题记中言及仲冬降雪丰沛，自己望着连飘两场的大雪，心想它将对农业保墒作用巨大，欣喜异常。乾隆二十七年南巡途中遇到下雨，也作画题诗，心系农耕。

乾隆五十三年，他在承德避暑山庄消夏避暑，随手翻看贮藏于山庄内的一册《宋人名流集藻画》，其中有一幅李迪的《鸡雏待饲图》，这令他欣赏画家艺术作品的同时，也不禁从帝王角度联想勤政爱民的治国之策，于是他挥毫赋诗一首，意犹未尽，又将画作临摹在长卷上，自言"重为此幅"的目的是"以志数典"。乾隆希望各个地方父母官能够将所辖地区百姓视为鸡雏，处理政务时能"实心经理，勿忘小民嗷嗷待哺之情"。他在画心处又进一步点明画意："会心艰实。"

在另外一幅董邦达绘制的肖像《乾隆皇帝松荫消夏图》中，崇山峻岭、溪水潺潺的郊外，乾隆皇帝正身着汉装坐于石案旁，目视着童子烹茶的情景。乾隆的御制诗写道："世界空华底认真，分明两句辨疏亲。寰中第一尊崇者，却是忧劳第一人。"这也是说安逸清闲只是表象，实际自己是最操劳的人。"乾隆在努力为自己的书画爱好寻找一种合法性，避免让别人产生'玩物丧志'的联想。"杨丹霞说。

乾隆在耄耋之际，将自己一生所经历的十大战功概括为"十全武功"，自诩为"十全老人"。实际上，乾隆这种好"全"的思想很早就已萌发，终其一生，他都在追求文治与武功的圆满，政治与艺术的平衡。作为一国之君主，乾隆的书画水平无论创作还是鉴赏，能达到如此高度，已经是不小的成就。（撰文：丘濂）

参考文献：

《紫禁丹青：清宫绘画的创作与收藏》

结实圆而椮椮杷因以名徒传象顾体实必问其声鸟自托形稳鰈遥翻影轻宣和工位置何事失东京

（北宋）赵佶《枇杷山鸟图》，现藏于故宫博物院

宋宣和枇杷山鳥

5

《清明上河图》：繁华背后的忧思

《清明上河图》的细节读之不尽，画卷中还隐藏着诸多细节等待解码。

1950年8月，时任东北人民政府文化部文物处研究员杨仁恺，在东北博物馆（今辽宁省博物馆）临时库房的几张画卷中，用颤抖的手指发现北宋画家张择端《清明上河图》的真迹。1953年1月，在东北博物馆举办的"伟大祖国的古代艺术特别展"上，这幅名画首次公开面世，很快引起了国内外数十个领域学者的关注和公众的极大兴趣。

　　60多年过去了，《清明上河图》已成为国人最为耳熟能详的画作，围绕它的研究也已形成一门独立的"清明上河学"。这与其写实性极强的风俗画特点不可分割，根据学界的主流观点，这幅北宋社会的"百科全图"，主要描绘的是12世纪初北宋都城汴京（今开封市）东南一隅在清明节繁盛的市井风貌。在纵24.8厘米、横528.7厘米的画卷上，远郊、舟桥、城楼、市集及各色人物徐徐展开，据统计，《清明上河图》中一共绘有810多人、90余牲畜、28艘船、20辆车、8顶轿子、170多棵各类树木、130余栋屋宇。

　　长期以来，画卷的主题成为人们关注的焦点。宋室南渡之后，北宋耆老旧臣怀念故京之盛，更愿意把此画视为歌颂北宋宣和年间的繁盛景象。"庶几开卷得睹当时之盛"，正是孟元老写作可与画卷图文对照的《东京梦华录》的原因。另一方面，自问世以来，画卷被不断临摹创作，历朝统治者着眼于"清明"二字，往往将其用作对自己时代"盛世清明"的颂扬。

　　然而，画卷的原意究竟为何？张择端为什么要画这幅画？这些问题却逐渐被堆积降解于历史的迷雾中。有关张择端的个人资料，仅存的只有金人张著所留的85字跋语，从中人们只知道他来自山东诸城，曾游学京师，后攻绘画，供职北宋翰林图画院。

　　画卷的其余十几个题跋，则既有金人充满感怀的"兴衰观"，也有元人所感

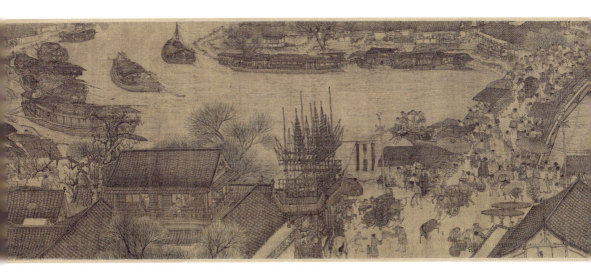

（北宋）张择端《清明上河图》，现藏于故宫博物院

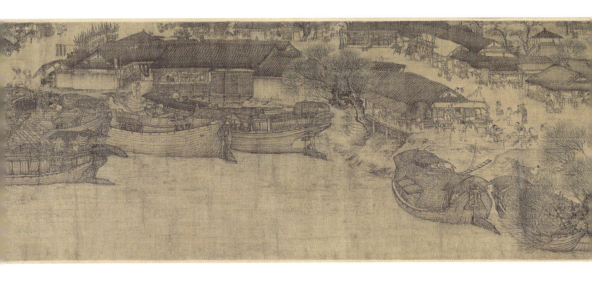

到的别有深意，"忧勤惕厉"，明人的"触目警心"。在故宫博物院研究室主任余辉看来，画卷则完全是一幅盛世危机图，精心选择的写实构图，背后隐藏着作者曲谏讽世的良苦用心。

可以看出，一代代的解读者，开始逐渐从画卷中读出繁华之外的更多信息。而要解码那些隐藏在长卷中的丰富内涵，只有不断走进它所描述的图景与历史。

风俗长卷

在2015年的《石渠宝笈》特展上，随着拥挤的人群，终于来到这幅900多年前的画卷面前时，人会忽然变得安静下来，玻璃柜中的绢本比想象中要晦暗一些，淡淡的一层色彩敷在瘤结粗壮的柳树、屋舍、楼门上面，俯下身去，便会发现往来其间的一个个细小的、神态生动、各有故事的人物。

画卷如同高潮错落的交响乐，水陆并行，第一段落是清疏而富有生趣的城外郊野。刚一打开，在树丛中间的小道上，一个大孩子领着几头驮着木炭的毛驴正要"嘚嘚嘚嘚"地越过小桥。由于开封周围无山，燃料匮乏，每年除了通过漕运大量运炭，民间也会从陆路自运。有研究者认为这是运炭过冬，以此判断画卷所绘为秋景，事实上汴京一年四季均需运炭备用。

第一头毛驴的头戏剧性地朝左一扭，带领我们继续前行，在树木掩映下，几间农舍中间有一个打麦场，上面还停着碾子。七八株粗壮的柳树旁边，一队

《清明上河图》细节一：大孩子领着几头驮着木炭的毛驴正要过桥

装束各异的行旅缓缓出城。柳树是汴河两岸的一大特色，自隋代开通运河以来便不断种植，不断被砍去枝丫的堤柳长满瘤结，枝条粗壮，起到坚固堤岸之用。与之相对，卷末赵太丞家旁的一株柳树，则显得绿意婆娑。

与此同时，画面上方的一行人扫墓而归，童仆蹦跳着开路，女眷坐着插着柳枝的轿子，官人骑马跟着。一旁的土墙趴着几个张望的孩童，后面则是大片菜畦。道路前方，似有一匹马（马头有破损）急奔而来，一个妇人慌忙上前保护正在路上玩耍的孩子。

不知不觉中，拐了一道弯的汴河此时出现在眼前，河上行驶着形制不同的船只：圆短体阔的漕船、船体狭长窗户很多的客船、底层装货上层载客的客货两用船、装饰考究的画舫。一艘平底漕船在码头卸粮，工头正在给搬运工发用以计件的筹。沿河街市热闹了起来，一些忙完的船工正好可以上附近酒店喝几杯。附近还有一家名为"王家纸马"的纸马铺，清明节出城上坟，可在此购置相关物品。

《清明上河图》细节二：圆短体阔的漕船，船体狭长窗户很多的客船，底层装货上层载客的客货两用船，装饰考究的画舫

《清明上河图》细节三："王家纸马"的纸马铺

汴河之上的漕运，是北宋的立国之本，历来是国家头等大事。当时的汴京有四条主要河流，分别是金水河、五丈河（广济河）、蔡河（惠民河）和汴河，均为人工开掘的运河，负责将各方粮食物资源源不断运往京师，其中连接黄淮的汴河是最为关键的补给线，年运粮食物资达600万石（约合30万吨），为五丈河（62万石）和蔡河（60万石）的10倍。由于黄河水含沙量太高，宋初政府规定每年10月至翌年2月封河，其间发动民工30万清理河床，以确保汴河畅通无阻。

在元丰二年（1079）引洛入汴之前的整整120年间，清明节一直被作为汴河的首航日。清明节这天，汴河口打开，黄河水急湍而下灌满汴河。守候在下游载满货物的船只便可逆流而上，直入汴京。因此不难理解，张择端为何选取清明上河作为表现汴京风物的重点。

沿着占据画卷中央的第二段落——汴河漕运继续前行，很快来到整幅画卷的高潮部分：虹桥。虹桥边上，此刻正上演着扣人心弦的一幕：一辆满载旅客的航船已经驶近虹桥，但高耸的桅杆却忘记放倒，河流湍急，情况十分危急。

发现险情后，一场战斗随即展开：一位船工赶忙松开纤绳放下桅杆；另一位船工用长杆顶住拱桥横梁，使船无法靠近；舵工赶忙转舵横摆，使船减速；几位篙工持杆用力撑向河底，竭力避开旁边船只；几位船工呼喊让来船注意，

《清明上河图》细节四：虹桥险情，桥下河道中满载旅客的航船快要撞上桥，桥上坐轿的文官与骑马的武官互不相让

当心碰撞，有趣的是，舱顶上还站着一位老妇和小孩，也在喊着什么。而岸上、桥上人群中，有抛绳索帮忙的，有出主意喊叫的，有闲聊议论的，还有袖手旁观看热闹的，整个场面沸沸扬扬，如同一幕激动人心的舞台剧。

桥上人群拥挤，同时在上演着一出闹剧：坐轿的文官与骑马的武官互不相让，顺坡而下的毛驴拉着满载货物的车子，几乎失控，推车的老汉惊恐地张大了嘴巴。相信饱受交通拥堵之苦的现代城市居民，看到这一幕立体交叉的通行矛盾，都会心有所感。

在虹桥边上，可以看到一个打着"十千脚店"的立体灯箱广告，颇为现代。这是一家规模不大的酒店，"十千"还有在后面会看到的"美禄"，都是酒的名字。据北宋张能臣《酒名记》载，"美禄"是产于"梁家园子正店"的一种名酒。

在北宋，所谓"正店"是可以造酒的高级酒楼，向政府买高价官曲造酒，代替交税，脚店则为普通酒楼，从正店批发来酒再卖给消费者。在《东京梦华录》记载中，汴京有72家大酒楼（正店），以樊楼（白矾楼）、潘楼、会仙酒楼、高阳正店、仁和正店最为著名。

北宋的酒文化非常发达，在全卷的十几处酒楼旁，还可看到打着"新酒""小酒""稚酒"的酒旗，"老酒"是指可以长久贮藏之酒，"大酒"也还算质高味醇，但比不上老酒。"小酒"是一种春秋两季随酿随售的酒，比较便宜。"新酒""稚酒"则指刚酿成的酒开瓮就喝。更有甚者，还有专治酒伤的诊所。

《清明上河图》细节五："十千脚店"和"美禄"立体灯箱广告。"十千脚店"是一家规模不大的酒店，"美禄"产于"梁家园子正店"的一种名酒

看着画卷中正店酒楼里那些三三两两聚饮的客人，会忽然有点恍惚，说不定里面坐着的正是梁山泊的英雄好汉。

沿着道路继续前行，很快就要进入画卷的第三段落：城门附近的街市。沿途有卖饮子（类似于凉茶的饮料）的、说书的、算命的、行乞的、理发的、卖茶的、卖糕点的、卖香料的，五行八作，不一而足。在巍峨高耸的城楼下方，还有一个税务所。

过城门交税是宋朝惯例，屋中央坐着一位光着脚丫的税务官，旁边一位货主似乎正和他核对着什么，屋外的另一位货主手指着货物，似乎在与税吏争辩税费太高，脸涨得通红。两位路人被吸引了过来，与此同时，城楼上一个人正在静静地注视着这一幕。

此外，在脚店的彩楼欢门底下，挂着一个红绿绸纱制成的灯，叫栀子灯，这是酒店提供妓女陪客的暗号。据南宋耐德翁在《都城纪胜·酒肆》中记载："庵酒店，谓有娼妓在内，可以就欢，而于酒阁内暗藏卧床也。门首红栀子灯上，不以晴雨，必用箬盖之，以为记认。"

在画卷中，还可以看到不少人手里拿着圆形的扇子，有研究者据此质疑清明时节的合理性。其实，这种扇子叫作"便面"，北宋的朝廷官员到贩夫走卒聚集的闹市时，依规需要换上便服，手拿便面半掩面孔。元祐年间，苏轼被贬之后，他还曾漫步汴京街头，手持画有自己肖像的便面，以示抗议。

汴京的繁盛，除了发达的漕运，还得益于打破了自唐以来坊市分区的硬性阻隔。据史载，"坊"是居住区，周围都围着墙，有二门或四门供人进出。一般人不准凿墙开设私门，也不准朝着大街开设店铺。"市"是交易区，日中击鼓二百下开市，日落前击钲三百下散市。

北宋汴京城内完全废除了坊市分割，允许面向大街开店，与民居错杂其间。乾德三年（965），宋太祖诏令解除宵禁，汴京很快出现了通宵达旦的夜市。学者曹星原认为，正是这些因素，使汴京形成了"流动型的、以汴河为主线、以十字路口为空间转换、沿街店铺为市场的新型流动感强的城市经济"。

超越界画

除了那些生动而微的人物、热闹繁盛的场面，《清明上河图》中造型精致并透视准确的船只、楼房和城门，也给人以很强的视觉冲击。其实，这正是张择端的当行本色：界画艺术，这也是张著在题跋里所透露的："擅长界画，精舟车房屋，城郭桥梁。"

所谓界画，是一种用直尺表现建筑的绘画。由于比较规制缺乏意趣，界画在文人画盛行的明清时不被重视，但在崇尚法度的宋元，界画仍被视为画科中最基本的功夫。元人汤垕的《画论》中便如此描述界画的易学难工："世俗论画必曰：画有十三科，山水打头，界画打底。故人以界画为易事，不知方圆曲直、高下低昂、远近凸凹、工拙纤丽，梓人匠氏有不能尽其妙者，况笔墨规尺，运思于缣楮之上，求合其法度准绳，为此至难。"

对宋代画家来说，界画艺术首推五代宋初的郭忠恕，时人评价郭忠恕的作品在雅韵和逸气中不乏法度和规度。学习界画出身的张择端，不可能不受其影响。郭忠恕的《车栈桥阁图》《水阁晴楼图》《明皇避暑宫图》等34幅界画名作均入选《宣和画谱》卷八《宫室》里。

奇怪的是，在北宋徽宗时期编纂的《宣和画谱》所收录的231位画家与6396幅作品中，既没有张择端，也没有《清明上河图》。余辉考证的结果是，宋徽宗对画建筑房屋的界画要求非常高，除了本朝郭忠恕以外，后面的人几乎没有收录，此外，在《宣和画谱》编纂之时，《清明上河图》已被赏赐出宫。

张择端对界画艺术有所超越，他将界画与徒手画线相结合，并不拘泥于界尺。比较五代另一位界画大师卫贤《闸口盘车图》中的彩楼，其与《清明上河图》中脚店门前的"彩楼"形制基本相同，但在描绘手法上，前者用的是界画线描，后者则是徒手描绘，在艺术上更富于变化。

界画仅仅是《清明上河图》绘画技法的一种，谈及画卷在艺术上的最大特点，余辉认为："首先是技法全面，除了花鸟其他画科基本都涉及了；其次是场景大，画幅小，细和小表现得非常好，人的脑袋比芝麻粒大一点，却能通过动作姿态表现出人物急躁、慌张、悠闲的情感。"

这种细小而微的艺术风格，受到北宋讲求"格物致知"的哲学思想影响。此外，北宋杂剧、话本艺术发展出的叙事特性，也不断扩展在其他艺术门类的领域，比如舞蹈与绘画，这一点在兴盛一时的风俗画中体现尤为明显。只是与燕文贵的《七夕夜市图》，高元亨的《夜市》《角抵》等风俗画相比，《清明上河图》改变了过去的"一景一事"模式。

《清明上河图》还将中国画的散点透视发挥得淋漓尽致，对同一段落内的景物与人物兼用不同视角处理。学者赵广超以画卷城外郊野的一个片段为例分析："例如，平视驮着柴炭的毛驴，略向上仰看扛着轿子那一行步履匆匆入城的队伍，立即又俯瞰骑驴出城的旅客。"这种富有文字穿插描写味道的处理方式，可以同时表达不同角度及时序的内容。

盛世之忧

余辉仔细观察画卷中的漕船，发现上面并没有官兵守卫，属于私家漕船。而在北宋，无论是在郭忠恕的《雪霁江行图》还是另一幅已经佚名的《闸口盘车图》中描绘的运粮场景，无一例外都有官方押运官的身影，体现着朝廷对漕粮的掌控力。《清明上河图》中所描绘的11条运输粮食的私人漕船，背后所折射的正是当时社会潜在的官粮危机。

稽以史籍，在北宋历史上，官府与商贾曾为控制粮食市场展开过激烈的竞争。开宝五年（972），为了稳定粮价，北宋政府接受了限价售粮的建议，定价一斗粮食70文，商贾听到这个消息，因为没有获利空间，不敢再运粮到京师。为了抵御年馑和控制商贾势力，北宋历朝在汴河沿岸设立了许多官仓。

由于听信蔡京等权奸所谓"丰亨豫大"思想的宣扬，宋徽宗靡费国库，极尽享乐，更在崇宁三年（1104）废除旧制，停止官运漕粮，改运"花石纲"。结果没过多久，官仓空虚，政府失去了对粮价的控制，带动汴京周围物价上涨。

此外，余辉从画卷中没有看到任何消防和城防官兵，汴京成为一座完全不设防的城市。史载，由于汴京绝大多数建筑都为砖木结构，火禁非常严格，除了夜市，居民区任何人不得在半夜时分点燃火烛，夜间用火，必须申报获批才行。此外，每坊均设有一座望火楼，而画卷里唯一的一座望火楼已摆上休闲桌凳，显然无人守望。

显然，消防废弛也是画卷中要表达的社会危机之一，宋徽宗很不重视消防，宣和初年，宫中便发生过一次大火，一举烧毁5000间房屋，几乎占了整个宫室数量的2/3，以至于很多宫女在雨天都没有地方居住。

《清明上河图》细节六：卷末前
宫中御医赵太丞家

此外，递铺（朝廷公函送往外地的第一站）门口慵懒的官兵，税务所门口
因重税发生的争执，卷末前宫中御医赵太丞家专治酒伤所反映出的酒患成灾，
都折射出徽宗时期的北宋王朝所潜伏的深刻危机。

画卷中，蒙在车上的一块写满大字的盖布，在城门外和城郊出现过两次，
一度令人费解，因而被称为"奇特的盖布"。考察当时朝野发生的大事，崇
宁元年（1102），徽宗诏令亲书党人碑，废黜苏轼旧党与元祐学术，崇宁二年
（1103），蔡京下令焚毁元祐党人墨迹文集。余辉据此大胆猜测，画中那些作为
盖布的书法可能是从衙署或宅第拆除下来的旧党墨痕，被拉往郊外处理。严酷
的党争与渎文悲剧，也隐然藏于图中。

从元祐党人书法盖布，结合画卷中妇女的头饰、制钱的大小、羊肉的价
格，私漕开通的时间，以及张著题跋中所提及的《向氏图画评论集》可能的出
版时间，余辉比较精准地定位出《清明上河图》的创作时间为崇宁年间（1102—
1106）。

"惊马闯入郊市"是一个焦虑的开场，余辉将船桥几欲相撞的全卷高潮，视

《清明上河图》细节七：城门外大车上"奇特的盖布"

为社会矛盾达到高潮的象征。尽管注意到虹桥下的不和谐之声，曹星原却将其视为盛世中如何应对突发事件的命题，进而得出的结论是携手齐心，同舟共济。然而，在乾隆甫一登基即命令五位宫廷画家绘制的《清明上河图》清院本中，舟桥通畅，清明盛世显然容不下任何不和谐的杂音。

汴京自东水门外七里至西水门外，共有13座桥，唯有虹桥、上土桥、下土桥三座桥梁是木结构的拱桥。画卷中描绘的虹桥究竟是哪一座？学者历来对此莫衷一是，余辉采用俯视视角，将画卷还原为城市地图，结果发现与当时的汴京地图完全对不上。画中桥头并无桥的名字，城楼也刻意略掉名字只可隐隐见到一个"门"字，另一方面，画卷中出现的店铺与酒楼名字，均无法在《东京梦华录》中查到。显然，这是张择端有意为之的选择，图中所绘景致风物，是经过提炼概括的实情而非实景。

整个北宋，谏议制度相对开放，除了臣工的进谏，一些小吏的婉谏也可上达天听。神宗年间，郑侠派人所画的一幅《流民图》，直接导致了权相王安石的下台和新法的中止。

有前例可循，可以推想，张择端也想通过这样的盛世危图，向宋徽宗委婉谏言，他相信深谙艺术的徽宗怎能不解画中深意？然而当时已距北宋覆灭不到20年，溺于玩乐、嗜好工笔精巧画风的徽宗，没空琢磨也不会喜欢《清明上河图》。没过多久，他便把这幅画赏给了向氏后人。

《清明上河图》的细节读之不尽，画卷中还隐藏着诸多细节等待解码。"艺术史研究已经进入细读、精读与深读的时代，单纯的泛读与粗读已经无法满足研究的需要。"余辉说。（撰文：艾江涛）

参考文献：

余辉：《隐忧与曲谏——〈清明上河图〉解码录》

曹星原：《同舟共济——〈清明上河图〉与北宋社会的冲突妥协》

赵广超：《笔记〈清明上河图〉》

陈诏：《解读〈清明上河图〉》

6

故宫珍藏世纪旧影

　　西方人的摄影虽然真实地记录了大清帝国最后面临崩溃的状态，但基本属于一般世俗生活层面的发现，缺少而且也几乎不可能记录这个古老国家正在试图重新崛起的一些"内部"影像。这批照片恰好弥补了这一缺陷，让我们可以一窥中国在那个微妙时刻的许多现代性的萌芽。

宫禁内外

　　清宫遗留下来的照片数量庞大，大约有1万余张，在2015年的《石渠宝笈》特展上展出的约1200张，依照内容归为宫殿、陵苑、帝后、宫廷、工业和军务共6卷。故宫博物院图书馆副馆长、研究员向斯说，这些照片多年来一直保存在图书馆的地库中，基本没有人动过，仅图书馆工作人员对这些照片做过几次初步整理、登记和著录。

　　"1925年故宫博物院成立之初，即设立了古物馆和图书馆。故宫图书馆接收的是清宫各皇家书室收藏的古旧图书，将紫禁城中遗存的古书提取、集中于寿安宫。经过清理，现在图书馆收藏有珍贵古籍、书板共60万件，其中珍贵善本包括皇帝御笔写经、臣工进呈写经、抄本、殿本、刻本、戏本、宗教书籍以及建筑图样、陈设档、舆图等珍稀特藏，另外还有待整理的档案、御笔书稿本等。"

　　所披露的故宫旧照，绝大多数为第一次面世，从未公开发表过。向斯提到，老照片中有一张是美国女画家卡尔为慈禧画像，勋龄为她拍照，两相印证，对研究晚清宫廷生活十分有价值。

　　"光绪二十九年（1903），美国公使夫人康格入宫觐见慈禧太后，向太后推荐女画家卡尔为其画像，以便参加第二年举办的美国圣路易斯博览会，让世人目睹中国皇太后的风采。慈禧太后十分好奇，同意了她的请求，命钦天监择定吉日画像。六月十五日，康格夫人领女画家卡尔来到慈禧太后招待女宾的颐和园海晏堂，卡尔先后为慈禧太后画了4幅油画，每一幅都不相同。其中送美国圣路易斯博览会的一张，现收藏于美国国家博物馆。"

　　向斯对慈禧太后照片所做的研究，可以部分地帮助我们了解清末宫廷生活照片的拍摄和保存情况。

大清国当今慈禧端佑康颐昭豫庄诚寿恭钦献崇熙圣母皇太后

（清）慈禧像，摄于清朝末年

"涉及慈禧个人及相关人物的照片，数量很多，多为光绪二十九年前后拍摄的，主要有五类：个人御容照、日常生活照、出行游乐照、宫殿器物照和宠物玩乐照。光绪二十九年七月，宫中特立《宫中档簿·圣容账》，详细地记录慈禧太后的所有御照，据统计共30种，786张。这些照片大多数已做放大，每幅放大的份数不同，最多的是题为'梳头穿净面衣服拿团扇圣容'的一幅，共洗印了103张。其中部分照片还采用了水彩颜料着色，虽然历时已久，但色彩依旧十分明快。尤其是人物面部着色柔和均匀，立体感很强。照片通常高75厘米，宽60厘米，衬硬纸板，嵌在金漆镜框里，镶在紫檀木匣中，外面包裹着宫廷明黄锦袱。"

向斯说，慈禧的照片基本上由御前女官德龄的二哥勋龄拍摄，算是她的御用摄影师。"勋龄给慈禧照相，有两件趣事：一是跪着对光不方便，慈禧吩咐免跪；二是御前不能戴眼镜，勋龄是近视眼，不戴眼镜根本无法拍照，于是特许他戴眼镜。"

不过出现在《最后的皇朝——故宫珍藏世纪旧影》中的帝后旧照，主角不是慈禧。收录最多的是末代皇帝溥仪及其皇后婉容的照片，约200张，大都是记录溥仪少年时期和结婚以后在"小朝廷"的宫廷生活和政治活动，以及民国时

德龄与慈禧太后

容龄和姐姐德龄的洋装照片

婉容，摄于故宫御花园　　　　　　　　　　婉容和溥仪，摄于天津

期他作为逊帝依然保留的皇帝生活的原生状态。

　　在宫廷建筑卷中，收入故宫和沈阳故宫的照片有200余张，专家判断其拍摄时间主要也在清朝末年至民国初年。这部分旧照所显现的"外朝"和"内廷"之别，从另一个角度，是为一段特殊历史时期立此存照。

　　《最后的皇朝——故宫珍藏世纪旧影》记述：1911年辛亥革命后，根据民国政府"大清皇帝辞位之后，暂居宫禁，日后移颐和园"的优待条件，逊帝溥仪仍居宫中内廷，外朝地区为国民政府所辖，以乾清门广场为界，砌筑一道高墙，将外朝、内廷分隔开来。1914年成立的"古物陈列所"，利用外朝中路主体建筑中的太和、中和、保和三大殿，东西两翼的文华、武英等殿为展示历朝珍品文物的展室，向社会开放参观。

　　外朝开放后，此时的紫禁城建筑才有机会留下大量照片。其中有一张"太和殿汉文匾"的照片，从细节上记录了一段历史：1916年袁世凯称帝，想在太和殿登基，于是命人将外朝建筑的所有满汉文匾一律改写为汉文匾，这以后，

乾清门：紫禁城内廷的正宫门，是连接内廷与外朝往来的重要通道，清代的"御门听政"、斋戒、请宝接宝等典礼仪式都在乾清门举行

乾清宫：紫禁城内廷正殿，是皇帝批阅奏章、召见官员、接见外国使节以及举行内廷典礼和家宴的场所

太和门：紫禁城内最大的宫门，也是外朝宫殿的正门

中和殿：紫禁城三大殿之一，是举行各种大典前，皇帝接受执事官员的朝拜的场所

保和殿：紫禁城三大殿之一，是举行殿试及盛大宴会的场所

午门：故宫的正门，位于紫禁城南北轴线

外朝建筑上的匾文就变成了汉文。

近180张内廷照片，拍摄时间则多为1911至1924年间。溥仪逊位后，在紫禁城内廷又住了13年，直至1924年被直系军阀冯玉祥部驱逐出宫。有数张内廷照片拍摄的是坤宁宫中东西暖阁的喜庆陈设。自康熙皇帝玄烨在此大婚后，这里就成为清代皇帝大婚的洞房。照片中，洞房陈设可见喜床、喜枕、龙凤双喜幔及墙上的双喜字，专家认为应是溥仪结婚的场景，也是紫禁城里的最后一场婚礼。

现在走进故宫御花园内，已经看不到留影在旧照上的竹篱笆墙、鹿苑、养性斋以及绛雪轩前的遮阳棚架，照片上的建福宫花园也毁于大火。"在建福宫花园的熊熊大火之中，溥仪走到了尽头"。

晚清工业和军务

令影像批评家鲍昆"感到震撼"的，并非这些照片所呈现的宫廷生活的细致或真实，而是来自它们对晚清政务所做的现实记录。

鲍昆谈到自己第一次看到这些照片时的观感："故宫这批照片披露的最大意义，是揭示了晚清在现代化尝试上的一些真实情况。最近几年，由于老照片市场的兴起，有大量由西方人在100多年前拍摄的中国照片出现，但是那些照片都是从西方视角对中国社会表面的记录。他们的摄影虽然真实地记录了大清帝国最后面临崩溃的状态，但基本属于一般世俗生活层面的发现，缺少而且也几乎不可能记录这个古老国家正在试图重新崛起的一些'内部'影像。这批照片恰好弥补了这一缺陷，让我们可以一窥中国在那个微妙时刻的许多现代性的萌芽。它们会给我们的现代史研究提供许多实证性的文献式的资料，也会改变我们多年来因片面历史叙事造成的对历史的扭曲印象。"

在这批影像中，于清末洋务运动中奠定中国近代工业基础的四大机器制造局——江南制造局、广东机器局、天津机器局和四川机器局，各以纪实相册的形式记录下了当时使用的生产机器和厂屋形状。

参与整理研究这些照片的专家认为："从相册的装潢形式和题签来看，应是专为进呈等用途而组织拍摄、粘贴、制作。"在四川机器局（后改称四川兵工厂）的相册的封面上，便有这样一行题签可为明确佐证——臣朱恩绂跪进。

19幅《江南制造总分局各厂机器图》，相当细致地拍摄了车钢模型、老毛瑟铅子滚线机、压小帽火白药机等十几种制造枪炮的现代机器。李鸿章于同治元年（1862）在上海设此一厂，3年后曾国藩从美国购来一批机器设备，李鸿章就此将旧厂扩充为"江南机器制造局"，简称"江南制造局"或"江南制造总局"，

江南制造总局炼钢厂

又称"上海机器局"。

　　江南制造局先后建有十几个分厂，雇用工兵2800人，主要制造枪炮、弹药和兵轮，还设有翻译馆、广方言馆等文化教育机构，造就了大批近代技术工人和工程技术人员。在李鸿章、曾国藩的主持下，江南制造局在同治六年（1867）仿制出了使用黑火药和铅弹头的德国毛瑟11毫米前膛步枪，这是中国自己生产的第一种步枪。当时江南制造局还可以日产15支毛瑟枪和各式弹药，"截至19世纪末，江南制造局年产子弹9万发，地雷200枚，枪支2000支，对于清朝的军事力量以及重工业生产都有提升作用"。

　　为军火生产布局考虑，同治六年三口通商大臣崇厚在天津设立"军火机器总局"，又称"天津机器局"，1895年改称"北洋机器制造局"。该册《北洋机器制造局厂房机器图》亦为进呈朝廷而制作。据史料，北洋机器制造局的开办经费为白银20余万两，常年雇用工人2000余名，规模仅次于江南制造局。

"该局分为东、西两局：东局设城东贾家沽，以制造火药、枪炮、子弹和水雷为主；西局设城南海光寺，以制造军用器具、开花子弹及布置水雷用的轮船和挖河船为主。所生产军火主要供应北洋水师、直隶、热河、察哈尔、奉天、吉林、黑龙江、西北边防军和淮系各地驻军使用，还要拨给其他省份。除生产军火外，该局还制造过军舰、船舶，包括慈禧太后的游船，并建造了中国第一艘潜水艇及第一套舟桥。"

《广东制造军械厂各厂机器图》分订为厂屋全图、弹厂、枪厂3册，共有照片38幅。比较罕见的是，其余几本相册的摄影者均署"佚名"，而在该相册封面一角，清晰地印有"羊城十八甫黎镛摄影"字样。专家考证了这个"黎镛"的来历：照相术在19世纪70年代前后从香港进入广州后，广州城里陆续出现了照相馆。黎镛是从美洲归国的华侨，他在十八甫一带开设"黎镛照相馆"，是其中较早的一家。

当地有些人迷信每年农历九月九日留影可"转运"，据说在1920年重阳节前后，"黎镛照相馆"拍摄了上千张照片，其名声也由此而来。从广东机器制造局留存的相册可知，"黎镛照相馆"不仅拍摄人像，也到工厂等场所承揽各种纪实性照片册的摄制。在照相术比较流行的口岸地区，当时都能找到这种承揽纪实拍摄生意的照相馆，如上海虹口即有"同生照相号"。

在《最后的皇朝——故宫珍藏世纪旧影》一书中，除收入四地的机器制造局相册，还选录了清政府为表彰京张铁路工程成就而交"同生照相号"拍摄、制作的铁路竣工系列纪实照片《京张路工摄影》（上、下），摄于宣统元年（1909），装裱为两册，全程记录了京张铁路200千米沿途的各站景点、修筑路段实景、举行通车庆典场面以及当时使用的铁道运输车辆设备等情况。

从选录的33张照片上，可以看到早期北京西直门停车场以及沿路康庄、青龙桥等车站的原貌，也记录了马拉机车、摩格尔机车等中国铁路历史上最早的机车类型。这一系列旧照的画面构图和清晰程度，都达到了令人惊叹的水准。

晚清军务部分的照片，其主体为晚清新军的军事演习。这些影像非常珍贵，

京张铁路居庸关一处铁路沿线的施工场景

正如中国近代史专家闵杰撰文指出的："北洋陆军之所以被简称为新军，就因为它与清朝旧军队有明显区别。其区别在于，在编制上，旧军队一般以营为单位，新军以镇为单位；在装备上，旧军队使用陈旧的洋枪洋炮，甚至以刀矛弓箭为主，新军则是全套的德国和日本装备；在训练方面，新军按外国操典训练，教练多为外国军官。新军的这些优越性，过去人们的印象多来自文字叙述，现在通过这些照片可以看得更清楚。"

1905年北洋陆军第一镇春季演习、1907年丁未秋操及1910年庚戌秋操，都在这批照片中被详尽记录。在北洋陆军史上，以袁世凯为校阅大臣的"河间秋操"野战演习赫赫有名，奠定了北洋新军的历史地位。同年进行的这次春季演习虽时间在前，却因规模较小而少有人提及。

据闵杰记述：1905年初，袁世凯奉旨编练的北洋陆军6个镇全部练成。为了显示自己的练兵成就，1905年3月，袁世凯特请练兵处奏派大员前往考察。清廷派兵部尚书长庚和署侍郎徐世昌前往。考察时，由北洋陆军第一镇进行了一场规模不大的军事演习。第一镇由原京旗常备军改编而成，凤山任统制，是北洋6镇中唯一非袁世凯亲信指挥的军队，驻京北仰山洼。

"根据照片，我们可以知道这场北洋陆军的第一次军事演习的主要内容有：

整列听候考验、步队走排、器械体操木马上倒立、器械体操竿跳、整列巡视、伏卧攻击等。1905年春季的军事演习过去很少为人所知，这些照片的问世，会引起人们对它的关注。"

1910年庚戌秋操的照片，其记录的演习内容更加丰富，包括步队、马队、炮队和工程队。而从"混成支队对抗演习东军步队构筑之沟垒""混成支队对抗演习西军步队之卧放"等照片来看，当时的新军已有比较明确的演习对抗目标。

除广东机器局和京张铁路两组照片为延请专业照相馆拍摄，此次披露的故宫旧藏照片，绝大部分都是"佚名"拍摄。"那时是什么意识和什么动机，以及是什么人拍下了这么多重要的影像？仅这一点，就可以展开很多研究。"鲍昆说。（撰文：曾焱）

7

故宫里的皇家天文馆

　　无论它们的主人是功是过，这些天文仪器现在还收藏在故宫中，也许是最值得庆幸的：它们来自一个有些自私的皇家天文馆，但记录了一个当时所有老百姓都能看到的星空。

康熙盛世与西方科技

依据《故宫博物院藏文物珍品全集·清宫西洋仪器》的介绍，故宫博物院收藏的与西学有关的科技文物有2000多件，大致可分为天文学、数学、物理学、地学、机械钟表及医学6大类，分散产生于清代各朝。

顺治年间仅有天体仪、浑仪、日晷、地球仪、望远镜几类，到康熙年间增加了数学、测绘学、光学等仪器。乾隆年间的藏品最可观，但大多是机械钟表。乾隆以后，宫廷科技仪器的来源基本枯竭，除光绪末年增添了一些西医药类器具外，再未出现其他与同时代西方科技发展相关的器物。

西学输入中国，最先发生显著影响的是天文学领域，这与中国传统上对于历法的重视不无关联。利玛窦以钟表打开明神宗宫门的故事如今已尽人皆知，但《明史》上并没有只把他简单记述为一个钟表匠，而是评价为："精于天文、历算之学，发微阐奥，运算之器，前此未尝有也。"

在中国最早有关望远镜的著作、明万历年间的《天问略》中，为使中国官员与文人感兴趣，其作者耶稣会传教士阳玛诺也将望远镜的发明者伽利略赞誉为"西洋精于历法一名士"。

伽利略天文望远镜发明20年后，1629年徐光启就已建议制造天文望远镜，但无果而终。100多年后，乾隆敕造玑衡抚辰仪时仍弃望远镜照准仪不用，而采用更接近中国传统技术的窥衡，由此可见望远镜在天文学上的价值并未被真正看重。目前故宫收藏望远镜150多架，多为康乾时期收藏。

与这些被称为"千里镜"的器物在测绘学与军事上发挥出的作用相比，望远镜在观象台上的缺席格外醒目，而整个清代发布的星表都是不以望远镜实测数据为根据的，这一事实也令人瞠目结舌。

机械钟表将西方天文学带入了中国，却没有在实际的天文观测中起作用。包括南怀仁在内的耶稣会传教士都未曾提议为观象台制造机械钟表一类的计时器作为天文钟，后人推测可能是因为传教士认为当时机械钟表的精度还达不到天文计时的要求。

在南怀仁留下的那些面向欧洲读者的著述中曾多次提到：当那些不懂天文学的官方"裁判"注意到有些事与天象不合时，他们既不把差错归于仪器的建造，也不归于自己不知道仪器的使用方法，他们会指责天文学家的推算偏离了天象，甚至怀疑欧洲天文学与天象矛盾。

但南怀仁等人的记述并未贬低康熙在西方人心目中的形象。与康熙同时代的德国启蒙思想家莱布尼茨评价说："我以为，康熙帝一个人比他所有的臣僚都更具远见卓识。我之所以视他为英明的伟人，是因为他把欧洲的东西与中国的东西结合了起来……他以其广博的知识和先见之明，远远超过所有汉人和满人，仿佛在埃及金字塔上又添加了一层欧洲的塔楼。"

这种称誉与现代以席泽宗、张顺洪为代表的科学史学家提出的"康熙盛世：中国科学衰落之始"说法形成了鲜明的对比，后一种论断的主要依据是认为："明末中西文化交流的活动是在中国士大夫、学者与西方传教士之间自发进行的，皇帝本人并未直接参与；康熙时期却是皇帝本人对西方科学技术有很大兴趣，而学者与西方传教士之间的文化交流却少见。这样的文化交流活动容易受到皇帝个人兴趣的影响。一旦皇帝本人对西方科学技术失去兴趣，中西文化交流就会受到挫折。"

康熙将自己对于天文乃至数学的兴趣归始于即位初期目睹的那场"历算之争"，所谓"思己不能知，焉能断人之是非，因自愤而学焉"。无论是出于政治目的还是纯粹学术好奇，康熙的学习热情可能是认真的，而他的子孙们或许也是在以不同的理解方式认真继承着祖辈的爱好。如今看来，无论它们的主人是功是过，这些天文仪器现在还收藏在故宫中也许是最值得庆幸的：它们来自一个有些自私的皇家天文馆，但记录了一个当时所有老百姓都能看到的星空。

故宫天文收藏精选

　　铜镀金天体仪（清·顺治十四年）通高31厘米，地平圈直径31厘米；清宫造办处制。

　　这是故宫所藏最早的一件天体仪。清军入关后，耶稣会传教士汤若望等人向顺治进献天文仪，包括浑天仪、地平日晷和望远镜各一架。这件镌刻有"顺治十四年制"款的天体仪上有地平圈、子午圈。环绕天球中腰的是地平圈，与之垂直相交的是子午圈，子午圈上设有天顶、北天极、时刻盘与游标。

　　球体采用17世纪欧洲常用的黄道坐标，镌刻有南北黄极、黄赤二道、星象等。这件天体仪地平圈为镂空刻花圆盘，球体黄道上未刻二十四节气，星象图也不准确，基本无法进行实际测算，只能算是一件模型或礼器。

（清）铜镀金天体仪

银镀金"汤若望"款新法地平日晷（清顺治）晷盘长23.1厘米，宽14.7厘米，通高17厘米。

此日晷为汤若望于顺治元年农历七月初九特别向摄政王多尔衮和顺治皇帝进呈的献礼，是目前仅存的留有汤若望自己名款的仪器。日晷底座为红木，晷面上端刻有"新法地平日晷"字样。所谓"新法"，意指此日晷的制作采用了欧洲正流行的地平式日晷的设计原理，使用时需先用指南针定南北，然后使三角形晷针直立，当阳光移至晷针缺口处被遮蔽时，便在晷面上投下影子。

此种地平日晷当时刚盛行于欧洲，由此可见当时中国所能接触到的西方科技的水平。从日晷的所有细节设计中也可看出汤若望为顺应"新朝定鼎、天运已新"的需要而花费的苦心。中国历史上一向认为天象与王朝的兴亡密切相关，汤若望便利用这一时机，把原为明朝制订的《崇祯历书》改名为"依西洋新法历书"，奉献给清宫。清宫接受了这部历法，改称为"时宪历"颁行天下，一直沿用到清朝末年。

银镀金"南怀仁"款浑天仪（清康熙八年）通高37.3厘米，底座边长35.8厘米；清钦天监制。

这件浑天仪是时任钦天监官员的比利时传教士南怀仁主持制作的，采用了

（清）"汤若望"款新法地平日晷—全形

中国传统的"六合、三辰、四游"结构设计法和托勒密的"地心说"理论，可演示太阳与月球围绕地球旋转，表现出日食与月食。仪器底座为紫檀木框架，地球安设于中心，四周除相对垂直而立的地平圈与子午圈外，另有刻有详细度数的黄道带、黄道圈、赤道与白道，其中黄道带上镌刻满汉文字，汉文为"康熙八年仲夏臣南怀仁等制"，地球上则刻有"亚细亚""欧罗巴""阿美利加""利未亚"等当时五大洲的名称。

这件精美得近乎工艺品的仪器曾具备特别的用途。康熙七年，北京观象台的明朝圭表、简仪和赤道浑仪年久失修。康熙八年八月，康熙批准礼部"照南怀仁所指式样速造"新仪的建议。康熙十三年，南怀仁主持新制的赤道经纬仪、天体仪、黄道经纬仪、地平经仪、象限仪、纪限仪和风向器被安装在观象台，简仪、浑仪等中国式仪器被移到台下，这一更迭标志了以中国传统仪器为主要皇家观测工具时代的结束。

铜镀金"乾隆甲子年款"三辰公晷仪（清乾隆九年）子午圈直径36.7厘米；清宫造办处制。

乾隆九年，耶稣会传教士、时任钦天监监正戴进贤发现使用已久的南怀仁星表与天象运度不符，遂与同人一起上书《灵台仪象志》申请增修新仪。同年

（清）"南怀仁"款浑天仪一全形

（清）"乾隆甲子年款"三
辰公晷仪—全形

（清）简平地平合璧仪—全形

乾隆视察观象台，认为浑仪符合中国的观测传统，而西法在刻度划分方面占优，感慨：南怀仁的6架仪器"占候虽精，体制究未协于古。赤道一仪，又无游环以应合天度"。乾隆九年底，和硕庄亲王允禄等迎合帝意奏请制造三辰公晷仪。

三辰公晷仪没有地平圈，用游表而不用窥衡，借助螺旋调节水平，引入了天体仪调节北极高度的原理，因而具有欧洲仪器的结构特征，同时又将赤道环再次分为中国简仪上的那种天常赤道圈和游旋赤道圈。

御制银镀金简平地平合璧仪（清康熙十三年）边长25.7厘米，高5.5厘米；清宫造办处制。

简平地平合璧仪由6件不同的仪器组成，分别嵌在6个银镀金的方盘内，再由合页将方盘依次连接，合入方盒内。盒内另附有算筹、测度线、铅笔、黑板、象牙纸、星宿度说明册等物，时刻度分盘上镌刻"大清康熙癸酉岁清和月御制"铭文。据故宫宫廷部研究员郭福祥介绍，欧洲未曾见过类似形式的仪器，以制造时间、仪器尺寸及附件看，应是康熙本人为配合学习西方天文、数学、测量等知识，在京师（北京地区）短距离实测所用的仪器。

第一重：三辰公晷仪。通过测日月星而求得时刻的仪器。仪器分两重盘：

（清）简平地平合璧仪—第一重

底重盘为固定不动的银盘，上刻十二时辰，分初、正。上重盘为银镀金盘，可旋转。沿盘最外边周圈镌刻二十四节气。内圈刻十二时辰，分初、正。次内圈镌刻三十日。次内圈竖向镌刻恒星名称，如壁宿第一、参宿第七等。再次内盘刻星等符号。盘中心设游标。

第二重：时刻度分盘。为已换算好的时刻度数表。方框内镌"此仪器宜北极出地高四十度"。盘面分两重盘：下重盘为固定不动的银盘，镌刻时刻、度数。上重盘可旋转，在时刻、度数的位置上镌刻"日出入地平""表影余日""黄昏时刻""日行宫读""日距度"等字，紧邻字下为银镀金盘出镂空长方格，可看底盘的各种数字。

第三重：罗盘仪。用于测定方向的仪器。仪面圆盘的外周圈刻四象限，内圈刻方位名称，中心玻璃盘内为指南针，玻璃框边缘附可旋转的指针。

第四重：地平仪。用于测方位角。圆形仪面上刻四象限，方形仪面上各直边从中心0°起，分别刻"一十""二十""三十"度。仪面中心设窥器，沿窥器两边刻"一十""二十""三十"等数字。

第五重：简平仪。用于求时刻、求某时某星上中天、日出日落时刻等。底

（清）简平地平合璧仪—第二重和第三重

（清）简平地平合璧仪—第四重和第五重

（清）简平地平合璧仪—第六重

盘上镌"此简平仪宜北极出地高四十度"。下重盘为固定不动的银盘，即北恒星盘，上镌经纬线，中心为北极，沿盘边周圈镌刻十二时辰。上重盘为可旋转的银镀金镂空盘，小圆圈为黄道，其上镌刻十二宫。此星盘的黄道十二宫名称是用中国十二时名称对应西方黄道十二宫而镌刻的。镂空盘上刻星宿名及度分，中心安游标。

第六重：象限仪。专门测量天体地平高度的观测仪器。沿正方形盘面刻四象限，其中两条直边斜线刻画度分，在弧形的仪面上镌刻象限90°，游标上也刻90°。（撰文：王星）

故　　　宫　　　观　　　止

第三篇

守护与传承

1

守护者：故宫博物院

　　幸而有故宫元老那样的守护者，故宫尚存，但它绝不只是美学意义上的一组伟大建筑，也绝不只是丰厚的珍奇文物，因为那根本就是我们的往事本事。

1925年"故宫博物院"的成立似乎才真正宣告了那个旧时代和新时代的彻底分离。1924年，溥仪出宫，由清宫代表、军政代表和文化界代表组成了一个"清室善后委员会"，时值国家政局混乱、人心惶惶，紫禁城以及它历经了300年的档案和文物收藏该如何评判其性质？

　　这在当时也是一个各方势力和不同思想纠缠的节点，清宫遗老想当然地视其为溥仪私产，混乱的军阀把它看成是失去主人的宝贝伺机偷掠，而日本的银行及很多外国使馆在东交民巷张着网等待着来自故宫的伟大的艺术品，当时的亲日报纸《顺天时报》甚至有文章提出把故宫交给日本来管理。

　　为杜绝这些力量对故宫文物的觊觎，"清室善后委员会"经过一年的清点，在1925年仓促地成立了"故宫博物院"，并且把成立的时间定在辛亥革命的纪念日10月10日，其中的深意就是提示社会各种力量，这个特殊的博物院及所藏文物的价值与新时代、新国家等同。尽管如此，在它成立之初，来自各方面的怀疑和干扰不曾间断，所以当时院方的公函文书，在具体事宜陈述之前总是不断地重复故宫博物院"关系吾国文化"这个理由。

　　1928年，甚至还有国民政府委员提案废除博物院、分别拍卖所藏物品，这个提案竟然被国民政府批准通过博物院的专家们再次联名报告，强调博物院的成立是为了"保存数千年来吾国文化之精粹"，在那些元老们的政治周旋中，故宫才名正言顺地保留下来。

　　时至今日，故宫博物院所守护的紫禁城以及所藏文物，在城市的变迁中显得与新时代、新城市的对比更加强烈，然而，时过境迁并没有改变、反而更增加了它叙述往事的力量。

　　紫禁城，即使在现代建筑的重重包围中依然不减它对我们视觉上的震撼，而在情感上的冲击则会联结起中国文化对生活的一整套理解。

故宫

昔日北京城以紫禁城为中心规划设计。按照中国星象学的理解，紫微垣，即北极星，位于中天，是天帝所居之处，天人对应，皇宫称"紫禁城"。

《周礼·考工记》的"营国"规定："匠人营国，方九里，旁三门。国中九经九纬，经涂九轨。左祖右社，面朝后市。"凡都城要设12门，四周城墙每面三门。明清北京城承袭的是元大都旧城，但元大都的设计者刘秉忠不仅尊重儒学礼数，同时又奉道学之说。

道学讲，"阳主赢，故乾为在南，全用也。阴主虚，故坎位在北，不全用也。……是以天之南全见，而北不全见，东西各半见也。"元大都的北城墙就只设两个门，表示北不全见，所以老北京城就也只设11个门，南面有右安门、左安门、定门，东面有广渠门、朝阳门、东直门，西面有广安门、阜成门、西直门，北面只有德胜门和安定门。

南起永定门穿过紫禁城北到钟楼的中轴线算得上是最为浪漫的城市理想，整个城市的生活在中轴线的两边展开。北端的钟楼每晚初更、午夜三更、次晨五更响遍全城，由宫廷銮仪卫派旗鼓手专司其事。故宫老专家朱家晋说他小时候每天听到钟声"觉得很好听，又很严肃"，1924年，取消了大清皇帝尊号仍存不废的优待条件，"銮舆卫"就没有了，从此北京的钟鼓声停止了。

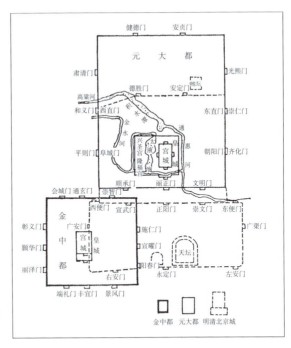

金、元、明、清北京城图

为了实现新理想，这个表达旧理想的老城从1912年开始几经拆改，迅速成为被追忆的往事。郁达夫追忆起的老北京是"典丽堂皇，幽闲清妙"的，在这样的赞美中他所指的不是审美的建筑，而是在其中展开的日常生计，即使是作为建筑理论家的林徽因在20世纪40年代描述北京时也没有从建筑美学着眼，而是说"无论哪一个巍峨的古城楼，或一角倾颓的殿基……无形中都在诉说乃至歌唱时间上漫不可言的变迁"。

幸而有故宫元老那样的守护者，故宫尚存，但它绝不只是美学意义上的一组伟大建筑，也绝不只是丰厚的珍奇文物，因为那根本就是往事本事。往事所拥有的力量不仅是形成记忆，而且指引想象。北大教授陈平原在关于北京记忆的一篇文章里，提出"动词化的记忆构成了人类重要的生活方式"，在这个意义上，故宫的守护者们所守护的不仅是往事，还是生活。（撰文：舒可文）

2

易培基：莫辩清白的风雨人生

　　易培基身披斗篷，在太和殿前指挥。为了让故宫这批国宝能够安全地从北平迁移至南京，张学良与易培基在碧云寺旁边的一所小别墅里，谈了一整天，最后敲定了文物转移的方案。

"易培基的前半生应该是很风光的，多数时间都是在高官的位置上，校长、教育总长、农矿总长、故宫博物院院长……但后半生很凄凉，甚至直到死都不清不白。"2005年9月29日上午，北京天通苑一座高层建筑里，91岁的吴珊老人回忆起70年前的往事显得颇为费力。这漫长一生的思绪缠绕着她，吴瀛、易培基、吴稚晖等当年显赫一时，与故宫博物院纠缠不断的人物——重现在她的脑海。

　　吴珊是吴瀛的女儿，吴瀛曾经是故宫博物院秘书、易培基湖北方言学堂的同窗好友。基于这样的多层关系，吴珊称易培基一直把自己当干女儿看待。易培基1924年到北京前，一直在长沙和广州担任要职。每次出差到北京都住在吴珊家中，和吴瀛一起去琉璃厂看古物。那时的易培基穿长衫、戴大框眼镜，两个酷爱文物的学者在琉璃厂一待就是一整天。

　　就在易培基往来于广州、北京之间时，北京城的政局发生了巨变。1924年10月，冯玉祥发动北京政变，随后成立了清室善后委员会，李石曾担任委员长，易培基北上担任委员，负责接管故宫。他的命运从此和故宫缠绕在了一起。

1924年，冯玉祥北京政变后，逊帝溥仪离开紫禁城。"清室善后委员会"成立，由政府方9人和清室方5人组成

研究博物馆的名称、馆址，起草"故宫博物院临时组织大纲""故宫博物院临时董事会章程""故宫博物院临时理事会章程"。以易培基为主任的国立图书馆、博物馆筹备会，从1924年12月22日成立以后做了大量工作。1925年10月10日，故宫博物院正式成立。成立当天，请柬发了3500份，北京的军、警、政、法、学、商、新闻各界人士都在被邀之列。

　　当时的北京大学考古学教授、兼任故宫博物院古物馆副馆长的马衡先生撰文谈到了故宫博物院成立的重要性："吾国博物馆事业，方在萌芽时代。民国以前，无所谓博物馆。有之，自故宫博物院始。"

　　故宫博物院研究员徐启宪称，成立后借助院庆，故宫博物院将票价定为0.5元，两天内接待游客5万人。展览情况，据当时北平《晨报》记载，"二、三两馆（铜器、瓷器）悉由一门而入，人多拥挤、门为之塞，进出均感困难"。乐寿堂因为陈列品中有溥仪及其妻妾的照片，前往参观的"观众尤多"。

1925年故宫博物院成立大会会场

李石曾、易培基、张继被推举为故宫博物院临时理事会常务理事，负责全院事务。就在易培基准备在故宫这个自己熟悉的领域大展宏图时，北方政局又起变化。各方军阀展开了对故宫博物院的明争暗斗，故宫博物院院务长期处于无人负责的状态。

1928年6月3日，北伐军逼近北京城，北洋政府末代统治者张作霖被迫退出北京，随后被日军炸死在皇姑屯车站。一周后，南京国民政府派阎锡山接管北京，6月14日，南京中央政治会议决议，派易培基前往北京接管故宫博物院。

著名报人刘北汜先生在《故宫沧桑》一文中这样形容故宫职工的态度：故宫博物院职工欢迎这条决定，希望早日结束北洋政府统治下那种混乱与飘摇状态，使院里各项工作早日走上正轨。不料一星期后，风浪骤起。

6月28日，报上忽然连续刊出消息，报道国民政府委员经亨颐提出一项议案，认为故宫为逆产，要求废除故宫博物院，分别拍卖或移置院内一切物品。6月29日，国民政府召开会议，讨论经亨颐的提案，竟通过了这一荒谬提案。消息传开后，故宫博物院职工和在南京的易培基、李宗侗等都十分震惊与气愤。

北京方面，代表易培基接管故宫博物院的沈兼士等5人写出书面传单，指责经亨颐提案的不当，同时在7月9日故宫博物院重新开放，招待北京及各地来的军政要员蒋介石、冯玉祥、阎锡山等人，争取各界人士主持公道。

南京方面，易培基征得正在杭州养病的张继的同意，由李宗侗拟稿，由张继用古物保管委员会主席委员的名义，写了一篇长篇呈文给中央政治会议，要求否决经亨颐的提案。

易培基是中央政治会议成员，在这次会议上，他力陈故宫博物院单独建院的必要性。从多方面指出经亨颐提案的不当，也补充了张继呈文中立论不足的部分。讨论结果，经亨颐提案被否决，一致决议维持有关故宫博物院原议决案，并再次函请国民政府公布"故宫博物院组织法"。经亨颐掀起的风波这才平息下来。

故宫博物院研究员徐启宪称，1929年2月，易培基正式被国民政府任命为故宫博物院院长，直到1933年9月他被控盗宝前，是故宫博物院各项业务走上正轨，有较大发展和建树的时期。

易培基担任院长后，发动党政军要员捐款维修故宫，蒋介石和张学良都曾为故宫捐款。易培基借此得以维修宫殿。此外，在陈列展览、藏品保管及分类、编目、文献整理及汇编出版，建立分类书库、鉴定版本等各个方面都取得了比较突出的成就。

1929年，在易培基主持下，创办了《故宫周刊》，随后陆续出版了《故宫月刊》《故宫旬刊》《国立北平故宫博物院年刊》等四五种期刊。这段时间称得上是故宫博物院建院以来直到北平解放这一阶段的鼎盛时期。

1933年，日军攻陷山海关。吴瀛回忆说，那段日子，笼罩故宫的是不息的争吵。国难当头，国宝将如何保全？迁移在这个时候提上了日程。国宝迁移牵涉到各方人士的切身利益，国民党元老张继主张迁往西安；院长易培基提出南迁上海，周肇祥等人则反对南迁，周肇祥在1928年当过一个时期的古物陈列所所长，还曾做过湖南省代理省长。反对古物南迁者在中南海成立了"北平市民保护古物协会"，周肇祥被推为主席。通电反对故宫古物南迁。

反对文物南迁者认为，外敌当前，古物运出北京，会动摇人心，引起社会不安，呼吁政府应以保卫国土为重，以安定民心为重，停止古物南迁，不应对敌处处采取妥协退让态度。且古物"一散不可复合"，绝不能轻易他迁，以免散失。

以易培基为首的支持南迁派则认为，日军既有可能得寸进尺，继续南侵，有必要把故宫博物院重要文物转移到南方安全地带，避免落入敌手，或在战火中毁掉。

双方争论激烈，在多个场合的民众集会上，周肇祥多次公开表示要以武力阻止古物南迁。国民政府随后批准了故宫博物院古物南迁这一决定，同时指令北京市政府及交通运输部门积极协助故宫，完成古物南迁。

反对古物南迁的声浪更加高昂，行动更激烈，连恐吓手段都用上了。易培基当时拍给行政院院长宋子文的一封电报中有这样的记载："于学忠转来各团体反对古物南迁函电，举座大哗。似此情形，倘地方政府不积极负保护之责，物品一经出宫门，即恐发生意外。至个人危险，早置之度外。手枪、炸弹、恐吓信件、日必数起。"于学忠当时是平津卫戍总司令。

反对古物南迁的人常有匿名信给易培基及其他故宫职工，警告不要押运古物南下。社会上也有谣传，说只要文物列车启运，就会有人在铁路沿线埋炸弹，把列车炸毁。

在一片争执声中，1933年2月5日夜晚，南迁开始了。吴瀛和那志良对当晚的惊险情景做了详细记述：易培基身披斗篷，在太和殿前指挥。为了让故宫这批国宝能够安全地从北京迁移至南京，张学良与易培基在碧云寺旁边的一所小别墅里，谈了一整天，最后敲定了文物转移的方案。

当晚，故宫至天安门、前门的长街上，都实行了戒严。可是消息还是走漏了，前门火车站被抗议的学生团团围住。他们高喊着"誓与故宫文物共存亡！""谁敢把国宝偷走就跟他拼命！"不少人甚至卧在钢轨上，一些士兵拉动了枪栓，双方发生了严重的对峙。张学良及时出现，并以人格担保，战争的乌云从北京上空消失，就将这批故宫文物再运回来。这样学生们才从路基上闪开。

易培基、张学良在故宫御花园

当晚，第一批南运古物（2118箱）装上火车。在易培基的督办下，截至1933年5月，故宫博物院数十万件珍贵文物先后分4批运出北京。

就在第五批文物即将运出的时候，南京最高法院检察长郑烈委派检察官朱树森带人到故宫查封会计科，国宝南运戛然中止。这次审查整个改变了易培基的人生。他从此进入了人生的绝对低谷，直到去世也没有等来命运的转折。

审查的原因是有人控告易培基侵占、盗卖古物。

1933年秋天，李宗侗辞去了故宫博物院秘书长职务，与易培基先后来到了上海。易培基住在法租界，准备应辩。"他基本不出门，除了早上出去散散步，其他时间都待在家里。"当时在上海中华大学药科读书的吴珊暂住在易培基家中。这个时候家里没有什么古文物，易培基多数时间在书房里读书。与外界所有联系都靠吴珊。

与他前半生在政界的风光相比，此时的易培基在北京、南京、上海的其他住所都被查封，财产也被没收，不敢公开身份，也基本不和朋友来往，每天都

故宫文物往内陆疏散途中

像个罪人似的。家中只有信佛的夫人、吴珊及他的侄子和两三个下人。患有肺病、糖尿病的易培基常年需要打针，为了不麻烦护士，吴珊学会了打针并担起了这一任务。

此时，故宫博物院的第五批文物已经在著名瓷器和青铜器专家吴玉章的押送下安全南迁。易培基感到自己的使命已经完成，遂决定辞职："如果我辞职能让故宫少一些纷争，又何乐不为呢！"1933年10月14日，易培基正式辞去了故宫博物院院长职务。

一年以后，江宁地方法庭在易培基生病缺席的情况下，强行判决其犯有监守自盗罪。吴珊回忆说，易培基病情日渐沉重，他将事实真相分别向蒋介石、汪精卫和司法部陈述，但都泥牛入海。随后易培基放弃了反诉。

在长久的等待中，易培基病情日渐加重，蒙冤受屈，没有了古物，1937年9月，易培基最终病死在上海法租界家中。身后只有吴稚晖和吴珊为其举行了一个简单的告别仪式。吴稚晖亲撰挽联，"最毒悍妇心，沉冤纵雪公为死；误交卖友客，闲官相攘谋竟深"。

"易培基盗宝案根本就说不清楚，但绝对不像张继他们说得那么大。对各种古文物的鉴定本来就分歧很大。"故宫博物院研究员徐启宪称，案件到今天都没有定论。1948年1月9日，南京一四开小报上登出了一条短小新闻："易培基案不予受理。"内容为："李宗侗、吴瀛免诉，易培基部分不予受理。"

从1932年8月易培基被控盗卖古物，到1948年1月南京报纸登出消息，前后历时16年，距易培基病死已有11年。易培基盗宝案就以报纸上这一简短消息而含糊收场，再无下文。（撰文：王家耀）

3

吴瀛：十载故宫尘梦

　　1934年，无端被牵连进"故宫盗宝案"的吴瀛以"妨碍秘密罪"被起诉，蒙冤离开故宫。此后为了谋生，带领一家老小颠沛流离，历尽艰苦。直到中华人民共和国成立后，吴瀛被陈毅聘为上海市人民政府文物管理委员会古物鉴别委员。

在母亲新凤霞与父亲吴祖光相继去世后，吴欢在整理遗物时，偶然发现了祖父吴瀛写的一部关于故宫的手稿，其中详尽记载了故宫从创办到第一次南迁以及当时曾沸沸扬扬的"故宫盗宝案"的很多不为人知的细节。

吴瀛

这部原名为"故宫二十五年魅影录"的书稿，由故宫紫禁城出版社重新编辑成《故宫尘梦录》出版，这部书也成为研究故宫创建初期那段沧桑浮沉的一份不可多得的第一手史料。

"我祖父天资聪颖，13岁就考入当时的浙江大学。后来因曾祖父到武汉张之洞幕府任职，他又转学至武汉的湖北方言学堂学习英文，毕业时不过19岁。"吴欢介绍。

"祖父在湖北方言学堂念英文时，同班有一位大他11岁的同学，他就是后来任故宫第一任院长的易培基。"吴欢介绍。曾教过毛泽东三年国文的易培基是湖南长沙人，1924年前后以孙中山代表身份来到北京，与苏联公使谈判庚子赔款问题，每次来京或者住在吴瀛家，或者被安置在吴家隔壁的公寓，两人私交甚好。吴瀛后来回忆，易培基闲暇来吴家座谈时，两人也经常谈到溥仪出宫问题。

"1924年11月5日下午，寅村（易培基）匆匆地来到我家……那日一来，就兴奋地告诉我说：'你平常谈的要请溥仪出宫，昨晚我们深夜开了一个会议决定实行了'……"——当天上午，冯玉祥部下鹿钟麟带兵进入故宫，将溥仪驱逐出宫。然后以李石曾为国民代表组织了一个"办理清室善后委员会"，作为委员之一的易培基力邀老同学吴瀛加入，"易培基了解我祖父擅书画，懂诗文，明洋务，既是位有真才实学的文化人，又是位认真负责的行政干才"。

1928年，在南京国民政府批准下，正式的故宫博物院组织得以成立。易培基被任命为故宫博物院院长，吴瀛被任命为"简任秘书"。

九一八事变后，随着平津形势的危急，故宫内部开始有了将文物南迁之议。

这些价值连城的国宝素来就是极易招惹是非之物，涉及迁徙，自然引起喧哗。当时的舆论几乎是压倒性的反对，很多人认为故宫文物是国家精神的象征，国家尚未沦陷，先把故宫文物运走，无异于动摇军心。而坚持南迁的只有院长易培基和秘书长李宗侗翁婿二人，他们的观点是土地失去可以再夺回来，国家亡了可以再恢复，但这些古物一旦损坏却是永远不可挽回的。易培基的提案最终得到国民政府的同意。挑选故宫中最贵重的文物，分批运送到上海。

经过挑选和装箱的严格程序，要外运的古物，足足装满了19节火车车厢。到了即将南运出发时，又生变数。曾任湖南省省长、并一度做过故宫古物陈列所所长的周肇祥，掀起反古物南运的行动，他在太和殿门前聚众演讲，声言要用武力阻止。经媒体一报，这立即成了北京街谈巷议的轰动新闻。

原来支持南迁、并自告奋勇要主持南行的古物馆副馆长马衡在压力面前打了退堂鼓，但是铁案如山，箱件都已捆扎停当，只待上车了，如何中止呢？危急时刻，易培基又想到自己的老朋友吴瀛。他亲自上门劝驾，请吴瀛出任总押运官。

吴瀛最初也站在反对南迁一派。他苦劝易培基说："古物一出神武门的圈子，问题非常多，责任既重，闲话也多，内外的敌人，都等待着！我们最好不做此事！"但被易培基指责出于私念。

"事实上，当时我家的情况也确实困难。祖父一生未纳妾，祖母生了15个孩子，夭折了4个，还剩下11个。当时长女吴珊及长子（即我的父亲吴祖光）都才上高中，经济十分紧张，连子女学费都要交不起了。如果真出现问题，重则有性命之忧，轻则也丢官罢职全家遭难。"吴欢说，连一向温顺的祖母也带11个未成年的子女，坚决反对祖父前往。

当年参与南运的那志良后来回忆，"有人打电话来，指名要找哪个人，'是不是担任押运古物，当心你的命'，或者声言在铁轨上放炸弹"，吴瀛也一时踌躇。但在易培基数次登门苦劝下，念及多年交情的吴瀛慨然允诺。

吴瀛考证《宫苑图》卷

　　"我率领着第一批南迁的古物出发了。这个'青面兽杨志'的任务，比花石纲重要得多，声势相当显赫。"吴瀛在书中回忆，一共21节车，除了两节车厢上是工作人员和100位东北宪兵、本院警察外，其余全是文物。"在车顶四周及各个车门口都架起机关枪，各节车内都布置了宪警荷枪实弹地保卫着。"在重要的关口夜间开车，都按照行军作战的规矩熄灯前行，重要工作人员也和衣而卧。在徐州一带时有匪众出没，据报在前一天晚上，已有1000多人在徐州附近向行车地段窥视，被打退回去。因为绕道陇海，直到第四天才到达南京。

　　1934年，无端被牵连进"故宫盗宝案"的吴瀛以"妨碍秘密罪"被起诉，蒙冤离开故宫。此后为了谋生，带领一家老小颠沛流离，历尽艰苦。直到中华人民共和国成立后，吴瀛被陈毅聘为上海市人民政府文物管理委员会古物鉴别委员。

　　而在故宫整整十载的时光却是萦绕吴瀛一生的记忆。吴欢自小被送到上海，与祖父一起居住。印象中的祖父总是一袭长衫，逢人便诉他在故宫期间的冤情。1955年，吴瀛的长子、著名剧作家吴祖光把双亲接到北京照顾，听从吴祖光的建议，吴瀛将多年收藏的珍贵文物、字画、青铜、陶瓷、印章等，共计241件无偿捐给国家，为他曾经守护的故宫倾尽最后的心愿。（撰文：李菁）

传承者：那些人，那些物，那些事

故宫陶瓷鉴赏专家耿宝昌先生说："故宫过去称孙瀛洲、陈万里和韩槐准是'三希堂'，意思是，这三位大师就像故宫三希堂的珍宝一样宝贵。"一代代故宫专家，正是守护并收集故宫珍品的核心力量。他们中间有13岁时脑袋上还扎着辫子就来到故宫搞古建筑的单士元院长；有曾经作为私人业主、后来捐赠大量文物给故宫的孙瀛洲先生。故宫多年来文物收藏的日见丰富、文物的逐步发掘，都离不开这些故宫薪火传承者。正是他们一代一代传承着中国传统文化的香火，延续着故宫博物院的精神。

入我眼者非我有

在东四南前厂胡同一座旧宅院里，记者找到了孙蕻琦先生。孙蕻琦是中国近现代陶瓷鉴赏泰斗级人物、前故宫陶瓷大师和著名的爱国收藏家孙瀛洲先生的幼子。落座后孙蕻琦递给记者1960年1月1日故宫博物院发给孙瀛洲先生的0118号工作证上，当时工作证上的地址就是这里，只不过名字是南箭厂胡同。66岁的孙瀛洲先生职务是"陈列部助理研究员"。

1906年，从河北冀县（现属衡水市）来到北京"同春永""铭记"等古玩铺学徒的孙瀛洲开始了他的文物鉴赏生涯。1923年孙瀛洲在东四南大街开办了"敦华斋"古玩铺，逐渐成为行业内有名望的经营收藏者。故宫现在的陶瓷鉴定大师耿宝昌先生就曾在"敦华斋"学徒10年。后来开了自己的古玩店"振华斋"。

故宫博物院出版的《孙瀛洲陶瓷画册》上有孙先生当年捐赠的几个著名藏品：宋代哥窑弦纹瓶、明代红釉印花云龙纹高足碗和明成化斗彩三秋杯。这三

（宋）哥窑弦纹瓶，由孙瀛洲捐献给故宫博物院

（明）红釉印花云龙纹高足碗，由孙瀛洲捐献给故宫博物院

件都是故宫内的国宝珍品。

　　孙蕻琦谈起了父亲在中华人民共和国成立前收购三秋杯的经历："我父亲收购文物主要有这么几个渠道，一是起早到晓市上去买，二是从行里人手中购买，还有就是送货到门。当时地安门有一家古玩铺由于经营不善准备清货。我父亲看到一对明成化斗彩三秋杯，当时就认定是绝世珍品，且是从故宫流出的，于是用了40根金条买下了这对三秋杯。"孙蕻琦说，孙瀛洲得到这个宝贝后，经常关在屋内把玩，以至于忘了吃饭，并拒绝了古玩商会会长试图高价收购的意向。

　　画册上一件哥窑三足鼎则有另一个故事。孙蕻琦说，孙瀛洲曾经住在上海，会讲上海话。有一次他去杭州灵隐寺喝茶拜佛，看到摊上有卖古玩的。他一眼看中一件哥窑三足鼎。于是不动声色地以低价收购过来，后来证明这是一件珍贵的一级文物。文物的收购如此曲折困难，在北京和平解放后，孙瀛洲和彭真市长相识，却表示愿意将所有文物捐献给国家。

　　孙家的老宅是孙瀛洲在日据时期用卖了一件文物的钱买来的，至今孙蕻琦还住在里面。那个时候，一件珍品就能换来一座不错的宅院。然而孙蕻琦如何看待父亲将全部收藏都捐给国家？"搞文物的人要有这样的观念：入我眼者非我有。"这是否就是孙瀛洲先生的人生境界呢？

（明成化）斗彩三秋杯，由孙瀛洲捐
献给故宫博物院

（清）粉彩婴戏双凤耳大瓶，
由孙瀛洲捐献给故宫博物院

从学徒到陶瓷鉴赏大师：
耿宝昌"养心"故宫50年

2005年9月29日，在故宫博物院东路南三所的一间北屋内，我有幸和满头银发的故宫陶瓷鉴赏大师耿宝昌先生相会。这座精巧的院落当年是清朝皇太子读书的地方，房内的雕花栏板已经露出了原木本来的色泽。耿老先生指着边上的雕花木床说，据说道光皇帝就出生在这张床上。历史的花絮这样不经意地出现在身边，的确是一件让人惬意的事情。

对于1936年第一次来故宫参观，耿宝昌的记忆似乎就像这床上雕刻的花纹一样清晰。"那是在七七事变之前，当时正是春天，故宫里非常残破，到处是草和垃圾。门票是一块大洋。"耿宝昌至今对当时在钟表馆看到的一个"可以在一块板子上滚动的"钟表记忆犹新。20年后他来到故宫工作，"那个东西还在那里"。

1936年到1945年的10年间，耿宝昌在孙瀛洲先生于东四南大街开的古玩店敦华斋内当学徒。10年出师后，耿宝昌开了自己的古玩店"振华斋"，直到1956年公私合营后，他在与当时故宫博物院院长吴仲超先生相熟的师父孙瀛洲先生的介绍下，在故宫招收文物人员时进入故宫工作，开始了自己半个世纪的故宫人生涯。

"1956年，故宫老院长吴仲超为了故宫的工作，广泛地从社会上招募文物人才。我的铺子当时也停了。当时故宫待遇还不错。我记得一下子就招来了十几个人，都是旧社会文物行业的从业人员。书画、青铜器、玉器、瓷器和装裱各个门类都有。"

当时正是故宫的大调整时期，与今天的整理不一样，耿宝昌他们从故宫各殿各角落开始搜集整理了几大类藏品，并设立专库。有趣的是，耿宝昌的师父孙瀛洲先生在同一年也进入故宫工作，作为故宫的研究员。

投身文物行业70年来，耿宝昌眼见了中国陶瓷在国人心目中地位的变化。"过去瓷器在中国人心目中并没有太高的地位。"说起过去故宫对外展示馆藏瓷器时，耿宝昌印象深刻："当年的观众一看，又是破瓷器，连（展厅）门槛都不进。随着现在中国古瓷器价格的迅速升值，观众对于故宫馆藏瓷器的热情也越来越高。现在一有馆藏珍品瓷器展，展厅内的人多得都挤不动。"

故宫100多万件藏品，瓷器和书画就各占1/3。"旧社会青铜器价格高，后来书画价格高，现在瓷器的价格涨了上来。但是与书画相比，瓷器的价格仍有上升的空间。"一个元代青花被美国某博物馆收购，价格高达2亿多美元。耿宝昌认为其中炒作的成分比较多。一般认为那件瓷器的价格在三五千万元。

对于故宫所藏的众多瓷器，耿宝昌自言50年来连看带动手，很多都有印象。"那时候没有电脑，说到某件瓷器，你必须知道在哪里。"故宫藏品中36万件瓷器，从1956年到2005年，耿宝昌虽然摸了几十年，但却谦虚地自言"有些认识"，"其实对于瓷器的鉴别，并没有那么高深。就像大夫瞧病一样，有些一看也就知道"。

（明）铜嵌银丝蝉纹兽吞耳圈足炉，现藏于故宫博物院，1977年，耿宝昌、王文昶先生鉴定此炉为明代器物

（明）铜蚰龙耳圈足炉，现藏于故宫博物院，2010年，耿宝昌先生鉴定此炉为明代器物

今天的人会更多地从经济角度看待一件文物，但回首几十年的文物生涯，耿宝昌感叹自己开古玩店的生涯是"一种真正的文化享受"。不论金钱和价值，只看艺术和历史。正如在所有的中国瓷器中，虽然近年有元青花和明斗彩的火爆，但耿宝昌言谈最喜欢的是宋代的素色瓷。那是一种文人的审美情趣，"比如天青色的钧窑，非常的雅致"。

从1957年第一次来到故宫到今天，耿宝昌与故宫的渊源也有50年之久了。按他自己的话说，几十年来故宫没有太大的变化，还是那些人，那些物，那些事。"我年轻时身体不好。有个老先生问我：小兄弟，你抽白的黑的？当时北京流行肺结核，我当时虽然没有得上，但想着自己能活30岁就不错了，没想到却在故宫里活到了80岁。"耿宝昌还历数故宫内长寿的大师不止一人：王世襄先生现年（2005年）91岁，徐邦达先生现年95岁。即便是不久前去世的朱家溍先生也是高寿。故宫内养心殿取自孟子"养心莫善于寡欲"。这些国宝级泰斗似乎都领悟了其中真谛，皆于无欲中有所追求。

故宫第一代学院派：书画鉴赏专家单国强

　　1965年9月1日，中央美术学院美术史专业学生单国强被分配到故宫工作。同班还有两个人也同时来到故宫，那就是前故宫博物院副院长杨新和书画鉴定专家聂崇正。当时故宫只有业务部，下分金石组、书画组等业务组。

　　单国强记得当时故宫的人不是太多，也就600多人。第一次前往故宫报到时，单国强的感觉一个是古色古香，另一个就是不知道自己能干什么。其实此前在中央美院读书的时候，学校就经常组织到故宫写生参观实习，因此单国强其实对故宫比较熟悉。"当时我们和群工部的工作人员很熟，能看到很多古画原作。当时故宫举办了很多展览，我们有中央美院的校徽都能免费参观。"

　　单国强学生时代参观故宫的记忆里，当时故宫的书画专家杨伯达、徐邦达先生等都曾经给他和同学们进行过讲解，大家都很熟悉。

　　大学毕业后单国强来故宫的第一个经历就是先到陕西搞了半年"四清"，回来以后才被分配到业务部门。"当时的院长是吴宗昌，他们设想新来的人先去群众工作部，当一段时间的解说员，一来可以接触群众，二来也可以对故宫的文物有所了解。"当了半年解说员后，单国强回到书画组，开始了最基础的库房工作——登记文物卡片。

　　不幸的是，一年后"文化大革命"开始了。1969年，单国强和故宫绝大多数人员一起前往湖北咸宁向阳湖"五七干校"。巧的是，后来下干校的时候，曾经给他和同学们讲解过书画鉴赏的朱家先生和徐邦达先生又都和单国强在一起。"朱先生是我手下的'兵'，我是班长。"单国强点起一根烟，不无调侃地说，"我与朱家都是浙江萧山人，整个故宫就我们两个是同乡。搞专案组的时候，我就是他们的专案组的。搞了半天，第一个把朱先生解放出来。朱先生很感激我。我说，本来就不应该把你抓起来。"

1970年回到故宫后，单国强被分配搞绘画鉴定。学习鉴定，首先的工作却是整理库房。虽然没有打开一个又一个的箱子看，但脑子里却对故宫的家当有了大概的印象。直到后来开始着力整理清宫宫廷画，在中央美院学美术史的单国强终于可以打开画幅欣赏真迹了。

若干年后故宫机构开始重新划分，故宫业务部开始成立陈列部和保管部，单国强被分配到保管部。单国强开始写一些研究文章。那个时候他还不敢用真名。"我当时用的是叔华，也就是书画的谐音。"

单国强已经和杨新、聂崇正这两位同学一样，成为第二代故宫人中的顶梁柱。故宫近年来许多重要书画的鉴定和收购他都参与了。

从40年前的大学生到今天故宫文物鉴定专家，单国强已经参与了近年多次成功的收购。但他也表示，在某种程度上，在拍卖市场上淘金也是一个充满遗憾的过程。在先后错过了乾隆《大阅图》第二件、《康熙南巡图》数卷和康熙玉玺后，单国强终于成功参与收购了隋人《出师颂》。

但他最遗憾的是错过了宋徽宗的《写生珍禽图》。这幅珍贵的国宝最终被竞拍到2300万人民币，超出故宫心理价位1300万。单国强说起自己，当时都不敢举手了。"后来听说《写生珍禽图》最终进入了美国人的博物馆，可能再也不会出来了。"

吕成龙：从传统到高科技的融合

　　1998年故宫陈列部和保管部合并成立古器物部，使得古器物部拥有了60万件文物，其中陶瓷类就有35万件。吕成龙就是古器物部副主任，故宫内年轻的陶瓷专家。说年轻，吕成龙算起他于1984年从景德镇陶瓷学院以全优成绩毕业分配到故宫，这一晃也已经几十年了。

　　与过去师承制专家的教育背景不同的是，吕成龙的专业就是陶瓷。故宫过去对于陶瓷的鉴定，主要是文史知识和经验的积累，但随着时代的变化，高科技的鉴定方式开始出现在故宫内部。

　　吕成龙说，在东路延禧宫尚未开放的二层仓库内，故宫正在建立一个古陶瓷研究中心和一个古陶瓷检测研究室。为此故宫已经投资1300万元引进先进的检测仪器。故宫从来都不缺乏藏品的优势，也不缺乏专家和大师。但是如何将传统的经验和现代科技结合起来，则是故宫陶瓷研究如何超越自身的一个问题。"比如北宋官窑的问题，是否在开封？哥窑的遗址到底在哪里？"

　　传统上故宫只解决单件文物的真伪问题，而没有起到学术上带头人的作用。吕成龙认为，要实现这个目标，故宫还需要引进新的设备和搞高科技的人才。后者正是故宫最为缺乏的。

　　吕成龙提到1920年以前传统的书斋考古（从文献到文献），到故宫陈万里先生开创了从窑址考古到文献考古的创举。这对于故宫来说是一个空白。"故宫过去的藏品大多都是完整的，你看不到断面的釉面和结构。但是窑址的瓷片就不同。它们与宫廷藏品实际上可以互为补充。"

　　吕成龙自己就曾经多次去过国内许多窑址，这对于他的陶瓷研究是一个重要的经历。他告诉记者，2019年10月10日故宫大庆纪念日展出的官窑瓷片展览，展出的中国170座名窑超过4000片陶瓷标本，所有这些标本来自中国数十个省，许多都是老专家们当年从偏远的窑址背回来的。这些原始的标本在现代科技的帮助下，将会有助于解决中国陶瓷史上的许多问题。（撰文：蔡伟）

故　　　宫　　　观　　　止

第四篇

修缮与鉴定

1

百年大修

　　于倬云先生是中国紫禁城学会名誉会长，他毕业于北京大学工学院建筑系，毕生致力于古建筑保护。在他看来，全盛时期的故宫到底是什么样子，已经全部留在了记忆和想象之中。

营造之美

　　1407年，明成祖下令营建宫城，此后，备料和现场施工持续了13年。准备木料的工匠们在浙江、江西、湖南、湖北和四川的森林里砍伐巨木，然后顺着当地河道运入长江，顺长江之水漂送到大运河，再经运河北上到北京。这样，大约需要三到四年的时间。

　　建造紫禁城所需的8000万块砖中用于殿堂铺地的金砖是江苏苏州特产，明政府规定，漕运粮船经过产砖地，必须装载一定数量的砖才能放行。最艰苦的工程是运送台基、台阶、栏杆所需的汉白玉石料必须在冬季进行，因为这时候可以在路上泼水成冰。

苏州御窑金砖，博物馆展示的金砖

故宫三大殿前后的御道石，长16米，宽3.17米，重量超过200吨。据说为运送这块宫城中最大的巨石，动用的民工超过两万人，沿途挖掘水井140余口，拉拽旱船的民工排成0.5公里长队伍，每天前进的速度不超过2.5公里，而曲阳距离北京200公里之遥。为运送这块石头，整整耗费白银11万两。

　　如果说这些工程还可以用具体数字和时间来描述的话，那么，500多年前10万工匠和数十万劳役同时在几十万平方米的建筑工地上铺砖架木、雕石画栋的恢宏场面则是我们的想象力不容易重现的景象。我们能够知道的是，那应该是中国历史上还保留了一些恢宏的英雄主义气概的年代。

　　不幸的是，经过500年，这种英雄主义的色彩基本上荡然无存。

　　重现康熙、乾隆年代的景象？我们现在一时无法找到对那时景观的描述，但100年前，一个名叫赫德兰的美国人，由于他妻子是宫廷和贵族妇女的内科医生而与中国当时的统治者发生联系，又由于八国联军攻入北京的关系而得以详细参观了故宫。赫德兰描述的场景是："不知为什么，在这里你会被你所见到的一切所打动。这里没有华丽的东方色彩，却有一种独特的令人震撼的美，然而这又是一种让你感到十分亲切的美。

　　"慈禧居所之美绝不是语言所能形容的。只有看到墙上的中国500年前绘画大师的杰作，看到康熙、乾隆时代巧夺天工的宫廷瓷器，看到这些专门为皇室烧制的瓷器精心摆在精雕细琢的中式桌子上、托盘上，看到华丽的丝质绣花门帷，看到那些专为皇上、太后们织成的精美绝伦的挂毯，我们才可能体会到慈禧私室的富丽堂皇和优雅尊贵，才能体会到它的美。"

　　这大概是对故宫优雅尊贵之美的最后凭吊。如今的紫禁城更多的只是一种在柔软的风中的阴柔气息。王朝早已经被埋葬，当年皇权的阳刚霸气早已被风霜利剑打磨得荡然无存。我们还能到哪里去寻找昔日的辉煌？参观者透过门缝窥测昔日帝王生活的遗迹，只怕连当年的想象也很难重演历史。

　　关于故宫大修的另一个讳莫如深的问题是：2008年以后的故宫会不会像罗浮宫那样和参观者产生越来越近的亲和力，成为一个真正的历史艺术宝库？

故宫西路：被遗忘的宫殿

　　东华门和西华门是紫禁城的旁门，明清两代时供皇帝、皇太后、皇后等日常出入所用。故宫尚未向游人开放的区域主要集中于这两座门内，也是计划中大修的重点区域。故宫原副院长魏文藻说："与故宫其他地方相比，西边的情况比较差，基本上是一片空白。东边像乾隆花园、皇极殿都已经修得不错了。先前有关媒体报道的三座主要待修殿宇慈宁宫、寿康宫、武英殿都位于内廷的外西路。"

　　3月25日下午，我从西华门步入紫禁城，沿西边宫墙和内金水河一路向北。看到紧依河边的道路已经开始整修，原先的水泥路面被挖开，几十名工人正用红砖铺设新路基。一名姓韩的工人说，他们是河北兴顺建筑公司的员工，进故宫半个多月。"路基铺好后再铺青石地砖，最后看起来要跟古时候一样。"

　　过了慈荫楼就是寿康宫与慈宁宫，这里以及后面的英华殿、慈宁花园都是清代皇太后的居所。寿康宫大门紧闭，透过门缝可以看到里面堆了建筑材料。寿康宫东墙外堆了大片的城砖和地砖，记者看到城砖上都印着"公元2001年9月任丘市"的字样，而细长条的地砖上则没有印字。

故宫大修

寿康宫

　　两位工人正用小斗车往其他地方运送砖石，他们说，城砖是用来修补紫禁城城墙内侧的残损。地砖则从苏州运来，用来替换故宫里20世纪50年代铺设的水泥地砖。慈宁宫和寿康宫之间的道路上不时有翻斗车轰然而过，往修复工地运送砖石和泥浆，我们发现驾车司机都是四五十岁的老师傅。据工作人员介绍，这些都是故宫工程队经验最丰富的驾驶员，在道路狭窄的故宫里运送建材必须靠他们保证宫墙的安全。

　　慈宁宫为皇太后的正宫，清朝的前期和中期是这里的兴盛时期，当时著名的孝庄文皇后、孝圣宪皇后都先后在这里居住过。顺治、康熙、乾隆三帝以孝出名，慈宁宫经常举行为太后庆寿的大典。不过自道光之后，随着清王朝走向没落，国库空虚，当时的孝和睿皇后不得不缩减宫中开支，慈宁宫才逐渐失去往日的辉煌。

　　慈宁宫大殿仍然不失巍峨气势，但与中轴线上三殿三宫的金碧辉煌相比，慈宁宫宛如一个衣衫褴褛的老迈妇人。走在殿前广场上，脚下砖石残缺不全、地面崎岖、杂草丛生。铜制的水缸及四只青铜龟鹤都已锈迹斑斑，大殿的梁架、

慈宁宫

枋椽、门、柱、窗棂等颜色黯淡，上面的彩绘受损尤其严重，四处可见大片大片的剥落。故宫博物院许多部门办公地点就设在慈宁宫两边的佛堂内，这些房屋都经过内部改造，和清代相比更加面目全非。一位故宫保管处工作人员说，慈宁宫的修复工作很快就要开始了。

武英殿位于内廷外西路的南端，我们走到武英殿时已是日落时分，夕阳落在武英殿古旧的琉璃瓦上，沧桑之感油然而生。武英殿是外朝中的一个偏殿，与东边的文华殿相对称。明末李自成攻入北京时，就在这里宣布成立大顺王朝，清初摄政王多尔衮也在武英殿处理政事。除此之外，武英殿的文事似乎更多，康熙在武英殿成立修书处，修订了《古今图书集成》一万卷，乾隆时期更是集中文人学者在武英殿编辑《四库全书》。

魏文藻先生介绍说："武英殿在新中国成立以后基本上没有好好管理，一直被外单位占用。首先是历史博物馆，接着是革命博物馆，后来是国家文物局对外文物交流中心，直到前不久才迁出去。他们不腾出来，我们就修不了，造成武英殿多年失修。"

正在修建中的武英殿

武英殿大门紧闭，无法入殿内观察。但我们看到，木质大门朽蚀得十分严重，上面的红漆早已脱落，仅从大门的破损程度看，情况就比慈宁宫要差。不过武英殿的修缮显然已经开始，殿外有6位石匠正在更换殿基上伸出的探海（龙头），工匠中年纪最大的刘信师傅说，他们是京郊房山石窝村人，祖辈都为皇宫打造石雕装饰。

石匠

刘师傅指着一块刚换下的探海说："这是明代留下来的东西，也是我们石窝村的祖上打造的。风化得太严重，你瞧，龙眼龙须都看不清了，有些风化没那么严重的石雕这次就不更换了。"据刘师傅介绍，这次更换的探海和当初一样，也是取材于房山的优质汉白玉，而且雕刻的形态、纹路也都完全一致。除这些探海，刘师傅他们还要更换殿基上的台明和殿外桥栏上的石榴头。刘师傅说，"这里全换完还得好几个月。"

次日上午，我们又从东华门步入紫禁城，发现这一片的情况果然要好很多。与武英殿对称的文华殿黄瓦红墙、形态古雅，殿外绿草成茵、环境静谧而清幽。故宫东路有大约一半的区域是对游人开放的，由古建筑改建成的珍宝馆、钟表馆、绘画馆都集中在这一片，因此这里的维修工作一直做得比较充分。

时任故宫博物院宫廷部主任单国强说，正在筹划中的地下展厅很可能就从东面开挖，具体位置是文华殿东侧的果园。我们按他说的方位走到果园，发现这里是一块被红墙圈起的空地，大约150米见方，里面已没有什么果树，场地的中央有一块红色的影壁，影壁上空空如也。

单国强介绍说，这片区域已经经过仔细探测，证实地下没有建筑物的地基，因此从这里开挖将不会影响到故宫建筑的安全。建造地下展厅是为解决故宫长期以来文物展出方面遭遇的困境，同时也可以将现在一些展出专馆恢复原貌，更好地加以保护。据悉目前大部分专家的意见倾向于建造地下展厅，计划中的展厅规模将达3万平方米。

经过两天来的观察，我们总的感觉是故宫西路仿佛是一片被忘记的世界，即使没有故宫大修计划，这里的整修也已到了刻不容缓的地步。除了古建筑的破旧，西路还存在一些原本不属于故宫的建筑，与这座皇家宫殿的风格格格不入。例如在慈宁花园和武英殿之间，我们就看到一座形似垃圾站的平顶房屋，用红砖砌成，没有粉刷，很显然是后来临时搭建的。在今天北京的大街小巷估计都很难见到如此样貌丑陋的建筑物，而它却偏偏存在于壮丽威严的紫禁城中。

还有一座更大的建筑物是西华门入口处的大楼，被专家们称为"影壁楼"，目前是中国第一历史档案馆所在地。这座大楼朝向城外的一面被漆成红色，站在城墙外面，一般人很少会注意它与故宫宫殿有什么区别，但站在故宫里面再去看它，就会发现它对故宫景致破坏极大。大楼内侧还是保持了青砖原样，乍一看和北京一些大屋顶建筑没什么区别。

著名故宫研究专家万依老先生感叹地说："这座楼早就该拆了，它纯粹是个大笑话。当年建它是为了挡视线，保证中南海的安全，其实根本就挡不住。如果站在太和殿上往西一看更不成样子，西面的城墙很多都看不到了，西华门成了一个小东西，非常难看。"

重修建福宫花园——故宫最大的伤疤

建福宫花园

在一篇介绍建福宫花园的文章中，郑连章这样写道："整个花园楼、堂、馆、阁、轩、室、斋等大小不等、高低错落、形制各异的建筑类型相间，并隔以假山、花木、盆景，将空间以大化小，平面布局自由灵活多变。各景区和建筑之间用游廊相通，似隔又连，景色相互因借，彼此渗透，极为巧妙。"

郑连章所描绘的建福宫花园俗称西花园，位于紫禁城西六宫之西北隅，始建于乾隆五年。身为古建筑专家的郑连章并没有亲眼见过他文章中所描绘的奇妙景致，因为整个建福宫花园在1923年6月27日夜间被一场无名大火焚烧殆尽。"那场大火的原因到现在都不清楚，一般怀疑是宫里的太监盗窃珍宝，怕被发现所以放火烧宫。"郑连章说，"不过西花园美景很快就将重现故宫，修复工作已经进行了两年，即将全部竣工。"

2000年，中国文物保护基金会提供400万美元重建建福宫。建福宫花园可能是故宫唯一完全不存在的建筑群，而其他建筑虽然有部分破损，但东西都在。不仅对这个基金会，对故宫也是头一次从零开始——完全重建一处被毁的宫廷花园。

作为中国文物保护基金会的代表，丘筱铭说："1923年，建福宫花园全部被一场大火烧毁，唯一还在的就是一些台基。而重建图纸的根据：一是溥仪的英文老师庄士敦的著作《紫禁城的黄昏》里有一张黑白照片，刚好是在那场大火的第二天拍的。二是一个欧洲人Siren拍了很多故宫照片，有一张是他在1900年拍的建福宫花园9个建筑中的一个。三是台北故宫博物院藏的一幅很大的画，画的是建福宫花园，它是原来皇宫的画师丁观鹏画的。付老先生在一本杂志上看到这幅画，马上告诉了基金会，基金会通过国家文物局与台北故宫博物院联系，台北故宫博物院拍了一张照片交给重建工程。四是乾隆后来在故宫的东面建了乾隆花园，由于他很喜欢建福宫，就仿照原样在这个花园又建了那9个建筑，与建福宫基本相同。最重要的一点是中国传统的古建筑是非常规矩的，重檐、斗拱都有一套规矩，在雍正时代有一本很详细讲解这些规矩和做法的书，书中有图，中国的传统建筑是手工艺，跟西方的建筑不可比。"

3月25日，我们来到建福宫花园重建现场，一座假山将大部分重修建筑隔断在视线之外，但花园主体建筑延春阁重建中的情影仍能一览无余。延春阁全部木质结构基本上已经搭建完成，庑殿顶下的枋椽和斗拱极尽精雕细琢之能事，举目望去，繁复之美令人叹为观止。尽管尚未彩漆，但延春阁完工后的美轮美奂已然可以想见。

假山南侧是中正殿的废墟，该殿也在同一场大火中被焚毁，现在只剩下一片台基和满地瓦砾。建福宫花园的重建计划并不包括中正殿，因此西花园恢复后，紫禁城中仍将留有一片废墟。

对于丘筱铭来说，也不知道为什么，自从进入故宫的这个工程后，就无比热爱起中国的古建筑了。她说："和看书不一样，在工地的日常工作，就是督促各方面工作严格进行。基金会还聘请了一位英国古建专家，他在吴哥窟有过多年的修复石头经验，因为建福宫的台基是石头的，而且基本完整，有一些破损的部分就不一定要换，修复是可能的，他就负责这个工作。"

困难并不在于图纸完全要重新来过，从工艺到材料，需要操心的地方太多了。丘筱铭说："对工程的要求，从材料到做法就是尽量使用传统的，而不用现代的手法或材料代替。偶尔用一点新的方法，比如说，捣链是铁的，在处理大块木头时用一些小机器。因为我们追求的不只是建好以后的一个精品。我们刚

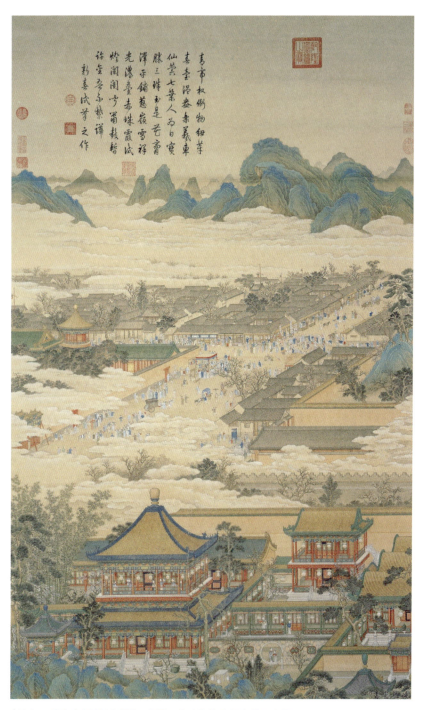

（清）丁观鹏《太簇始和图》，此图下方建筑为建福宫的写实界画

上梁

匠人们

来的时候，有关方面就说，我们要把它建成一个精品，而过程也应该是一个精品。比如用的金砖，基金会找到苏州的一个砖窑，它的门牌上就写着"御窑"，是明朝皇帝御赐的。当然它现在的工艺要求肯定没有那么讲究了，金砖要求用的泥是从河床某一层取的。张老工程师知道金砖是怎样的，难得的是故宫里面有现成的样品，比如太和殿里的砖就是金砖，我们可以对比。"

"再比如工程用的瓦，也是比较困难的部分，因为除了故宫，几乎没有人提这样的要求，所以瓦场也没有做过，风大风小都会使烧出的瓦不一样。找瓦场的时候曾转了很多地方，最远到淄博，虽然有工艺，但是做不出来，主要是因为他们不明白这个工程的非同一般。最后找到北京北安河的一个瓦场。工艺本身也许没有什么神秘之处，但影响成品的因素太多，请回了一位从故宫退休的刘师傅把关，他是木工方面的专家，工地有30多个工人在工作，他一个人也不够，我们还请了一位比较年轻一点的师傅，他在故宫外面做过一些相关的工作，这次对他也是一次机会。"

故宫非开放区的概念将长期存在

　　故宫总面积72万平方米，目前的非开放区将近40万平方米，这次是观众看得见和看不见的地方都要修。其实故宫的开放部分，就是中轴线上的建筑的维修一直不停。一般年度维修的经费都在千万以上，当年护城河整修工程投资6亿人民币，故宫围房，城墙外，护城河内，那是乾隆朝修的。因为居民入住加建了很多房子，但它的基础和框架还在，把居民迁走后，局部修复，也没有全部修复。换了一些植物，主要是种一些根系不太发达的树种，当时也有争论。至于一些建筑该不该拆？有一些后添加的建筑，最大的是西华门内依城墙建的那个大楼，它高出城墙10米，面积最大，高度最高，影响最大，把故宫的整个结构的平衡、布局、风貌都改变了。

　　"这次大修的三个阶段是时间性的，年度计划中要整修武英殿，对武英殿的整修带有试点性、抢救性、示范性。而慈宁宫有相当多的房子是我们的办公室和库房，也计划在故宫外面选地建办公室，但这不是短期能做到的。

　　"开放区和非开放区的概念还会长期存在，全面开放没必要也不合理。一是管理费用过大。二是周边要保留消防、保卫、仓库等管理设施，没办法开放。三是对于观众的承受力来说，可能也走不了那么大的区域。四是这是故宫的特点，它是为皇帝一个人的使用而建的，所以很多区域的房子不大，过道也窄，根本无法同时接纳太多的人，以后可能会采用某些区域的轮流开放。另外，故宫里的一些地方，比如乾隆花园的北部比较珍贵，面积又小，不适宜开放。"

　　处理好文物展览和宫廷原貌两者间的关系是大修的主要出发点之一，修护者希望能把故宫恢复成康乾盛世时的辉煌景象。最后的设想是在地面形成以宫

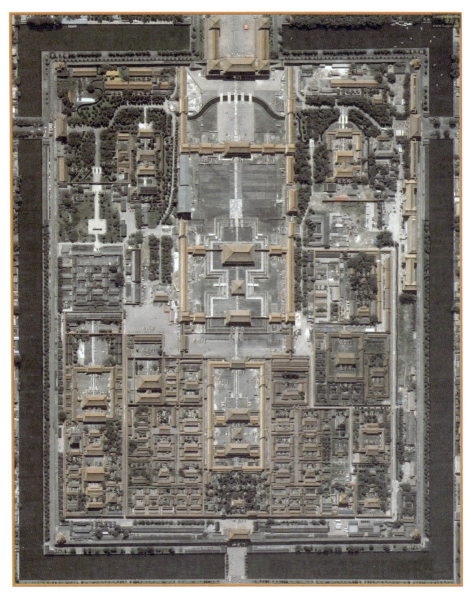

故宫平面图

廷原状为主，以宫廷文物展览为辅的参观格局。这样皇宫遗址和博物馆这两者
的结合就比较完美了。（撰文：邱海旭 李伟 舒可文 吴晓东）

2

李永革：修故宫的人

师傅赵崇茂退休的时候，塞给李永革一张字条：勿要一得自矜，浅尝辄止。这几个字李永革至今记得清清楚楚。"古建筑修缮是一辈子学习的事儿，每次都有没见过的东西。"

第三代工匠

　　李永革所在的修缮技艺部位于故宫的外西路，这里原来是内务府造办处，为宫廷制造生活器具。清代鼎盛时期，造办处下设24个工坊，荟萃了全国的能工巧匠。现在的修缮技艺部保持了它在功能上的延续。早年间，李永革家住在鼓楼。每天骑着自行车，十几分钟后就能从北京早高峰的车水马龙进入和百年前区别不大的静谧宫城，他觉得十分惬意。

　　李永革在一间平房里的办公室办公。老式的办公室中还有搪瓷脸盆和水盆架子，墙上挂着一张民国时代的故宫全景图，桌子上是宫殿建筑的烫样和鎏金斗拱的模型。李永革一头白发，穿着衬衣和布鞋，开口是浓重的京腔。"我1985年29岁的时候就坐在这个位置上了。"李永革说。

　　他1975年从部队退役后来到故宫，当了10年的木匠，然后因为工作出色成了修缮技艺部的副主任。他到了卸任年龄的前两年，却更加忙碌。他是"官式古建筑营造技艺"这项非物质文化遗产的传承人，现在负责技艺传承工作。

　　来到故宫上班是父亲的建议。父亲是个木匠，李永革也想继续学这门手艺。一般的建筑公司就是支模版、安门窗，父亲说还是故宫古建队的木工技术最复杂，能学到真东西。李永革第一天来时是从西华门进来的，一下子就被镇住了："这么大的宫殿群，是怎么修起来的？"他被带到一个叫赵崇茂的师傅面前，赵师傅身边已经有两个年轻人在学艺了。"我开始刨木头，腰板直，姿势也对，因为我在家做过木工活儿啊。"就在师傅的夸奖声中，李永革开始了做木匠修故宫的日子。

　　按照代际关系来算，李永革算是新中国故宫修缮的第三代工匠。中华人民共和国成立之后故宫的三次大修分别成就了三代工匠，也培养了下一代学徒。

"官式古建筑营造技艺"非物质文化遗产传承人李永革（张雷摄）

　　第一次大修是在1949年中华人民共和国成立之后，故宫提出了一个5年治理与抢险的计划。针对大量古建筑年久失修的现象，故宫邀请了在古建八大作"瓦木土石扎、油漆彩画糊"中分别身怀绝技、各占一个山头的10位工匠进入故宫，他们就是第一代工匠，后来被称作"故宫十老"。

　　这个过程中，戴季秋、赵崇茂、翁克良跟随马进考、杜伯堂等师傅维修西北角楼，维修结束后，继续学习制作模型。至今故宫古建部仍然保留着西北角楼一角1/4模型、钟粹宫正殿歇山殿大木结构的一角和御花园四柱八角盝顶亭模型。朴学林、邓九安、王友兰跟随周凤山、张国安师傅修补屋顶琉璃瓦面；张德恒、张德才、王仲杰则跟随张连卿、何文奎等师傅重新做了三大殿彩画，并按照比例将故宫大部分彩画进行临摹，制成了《故宫建筑彩画图录》。

　　故宫第一次大修中，第二代工匠打下了扎实的基本功，到了第二次大修他们已经能担当主力。

　　第二次大修从1973年开始，故宫制订了第一个五年修缮保护规划。为了完成这次大修，故宫工程队（修缮技艺部的前身）对外招聘了300名青年，李永革就是其中之一。他跟着赵崇茂、戴季秋师傅，相继参加了午门正楼、崇楼、东西燕翅楼、太和门东西朝房、钟粹宫、景仁宫、斋宫、奉先殿、皇极殿、畅音阁、阅是楼、遂初堂、庆寿堂、养心殿、慈宁花园、东南角楼等施工工程。

1975到1979年，到了冬季来临不适合室外作业的时刻，第二代工匠会为新来的年轻人讲授业务，李永革一直保存着一份1979年的冬训讲义。

第三次大修，是在21世纪初故宫制定保护总体规划大纲后开启的100年来最大规模的维修保护工作，包括了武英殿试点工程、太和殿挑顶大修工程、慈宁宫落架大修工程、建福宫复建工程等重大项目。第三代故宫工匠正式登场，李永革成为这一系列工程的负责人。

回顾在故宫工作的一辈子，李永革觉得自己的成长过程和第一、二代修故宫的工匠并没有太大区别："都是在一次次实操训练中磨炼手艺的，逐渐明白了

第三代工匠正在向第四代学员传授木工技艺（张雷摄）

古建筑维修的各种门道。只不过搁以前，学手艺要搞磕头拜师，我进故宫的那年不兴这套了。而老师傅对我呢，也是倾囊相授。"李永革跟着赵崇茂学习，却一直没有师徒的名义，这倒成为他的一个遗憾。

最辉煌的时候，故宫的工作人员有800多人，古建工程队就有400多人，是故宫人数最多的部门。可这支古建队伍虽然有国家文物局颁发的"文物修缮工程资质证书"，但因为不是企业性质，没有营业执照，无法参与投标，在市场化的过程中逐渐被排斥在大型维修工程之外。

现在的修缮技艺部日常要做两方面的工作，分别是古建筑的碎修保养以及修缮工艺的传承。按照设想，尽管修缮部不能直接参与大工程，却可以培训新来的年轻人，将来让他们在工地现场做管理人员，确保外来施工队伍正确操作。

可是，如果没有足够的工程量来做平时的练手，年轻人能积累出经验吗？时代变化，李永革从一名木匠成长为古建筑维修专家的经历更显得难能可贵。

木建筑的门道

在故宫做木匠，并不是一上来就修整座大殿，刚开始也是做一些不起眼的工作。"今天修个隔扇，明天补根柱子，师傅带着干什么就学什么，最后知识零存整取。"虽然李永革最先认识的是赵崇茂师傅，时间一久，其他年长的师傅都成了他的老师。"赵师傅善于总结规律，平时话也多；另外一位戴季秋师傅做过不少建筑模型，知识扎实，就是人一多就说不出话，要私下里请教。"

摸透了师傅们的性格，李永革便很快受益。"同样的事情，这个师傅讲得很清楚了，另一个师傅走过来又问，明白吗？我还说，不明白，于是又能听一遍。两个师傅从不同角度来讲，也加深了印象。"让他感动的还有一位安海师傅。"刚学徒没多久，有一次要去添配一扇窗户，我以为打下手就行了，安师傅主动让我在木材上画线、开凿榫卯。搁平常，老师傅唰唰几下就弄完了，这是要主动培养你呀！"

官式木建筑和民间建筑有什么区别？最大的当然是体量不同。宋代《营造法式》一书的编纂者李诫提出以"材"作为木组件的标准量度单位，并根据建筑中木组件大小把材划为8个等级，设固定比例。用来建造皇宫的木组件用的是一个等级，用来兴建普通商人住宅的木组件则根据一个较小的等级制造。建筑物内每件木材，大至木柱和横梁，小至檩条和椽子，尺寸都是材的倍数或者分数。皇宫和民宅在结构系统上是一样的，前者是后者的夸张版。

体量巨大的宫殿就需要大型木料来支撑。明代刚修故宫时非常奢侈，民间传说用的是"金丝楠木"，木料中暗藏"金丝"，在阳光照射下白烁华美。"其实宫廷记载里就是'楠木'，没有'金丝'二字。楠木生长200年以上，里面会出现一种树脂的结晶，那是所谓的'金丝'。到了清朝，开始使用红松。后来国力下降，再加上足够大的红松也难以寻觅，故宫里便使用了木料包镶拼接的工艺。"

进入故宫后，李永革定期会和同事们在东北寻找修补时所需的合适木材。有一次，一位满族的老先生，竟然自愿把准备给自己造棺材的红松木卖给他们。国内全面禁止采伐天然红松后，故宫近些年开始从东南亚国家进口大口径木材。

木料大，因此工匠画线时心理压力也大。画线是木工将木材制成一定形状之前做标记的过程，木工作品的成败有"三分画线七分做"的说法。"画错一道线就是废掉一根大梁的结果，这责任有多重！"所以李永革说，老师傅画线之后都不是马上去砍或锯，还要留下半天时间，过过脑子，复核尺寸。

去过故宫大修现场的人，就会发现这里和外面工地的劳作景象有个明显的区别：这里没有起重机，建筑材料都是以手推车的形式送往工地，遇到人力无法运送的木料时，工人们会使用百年不变的工具——滑轮组。

故宫修缮，尊重着"四原"原则，即原材料、原工艺、原结构、原型制。在不影响体现传统工艺技术手法特点的地方工匠可以用电动工具，比如开荒料、截头。大多数时候工匠都用传统工具：木匠画线用的是墨斗、画签、毛笔、方尺、杖竿、五尺；加工制作木构件使用的工具有锛、凿、斧、锯、刨，等等。

"老祖宗聪明得很。"李永革说，"比如'排杖竿'，就是拿着一种四方截面的木杆去量柱子、梁架、进深等尺寸，然后在竿子上来做标记。"为什么要这样？李永革拿出两盒外面买的卷尺，然后在纸上量着画出10厘米的线段，两条线居然并不一样长。"10厘米误差就这样，要是去量20多米高的柱子呢？差一点，榫卯就合不上。老祖宗的方法看来笨拙，但更实用。"

以前拜师学艺，是"三年零一节"——不是说三年的时间过去，再随着下一个节日的到来就可以出师了，而是说在师傅家里端茶倒水当用人三年多，到这个时候师傅才真正领着你去看他做活。

"三年之后，我们还真有个考核，就是做一扇十字条的木门，上面四块玻璃。顺利做出来，证明技术过关，但经验还差得远呢。古建修缮是一辈子学习的事儿，每次都有没见过的东西。"李永革说。

1981年故宫维修东南角楼，李永革主动报名，那成了他受益匪浅的一次经历。故宫的角楼按照顺时针的顺序相继修复，1951年西北角楼、1959年东北角楼、1981年东南角楼、1984年西南角楼。

　　"木工都以参加过这几个角楼修缮为傲。因为角楼不仅结构复杂，而且缺乏规律性，四个角楼四个样子。《清式营造则例》中将大木建筑分成庑殿、硬山、悬山和歇山四种样式，角楼是不同于任何一个门类的杂式。"一般人形容角楼是9梁18柱72条脊，其实比这要繁复。"三层屋檐共计有28个翼角，16个窝角，28个窝角沟，10面山花，72条脊之外还有背后掩断的10条脊。屋顶上的吻兽共有230只，比太和殿的吻兽多出一倍以上。"李永革介绍说。

　　传说当年营建角楼时，由于设计难度大，工匠们都伤透了脑筋。后来是木工的祖师爷鲁班下凡，手里提着一个蝈蝈笼子，这个笼子不一般，正是设计者所盼望的那种设计精巧的角楼模型。

　　李永革在这次修缮中接触了斗拱的做法。斗拱是中国木建筑结构特有的形

学员刚刚制作好的鎏金斗拱中的木头构件（张雷摄）

制，是较大的建筑物柱子和屋顶之间的过渡部分，它可以将支出来的屋檐的重量先转移到额枋上再到柱子上。"斗拱木构件的规矩多、尺寸多、讲究多。乍接触时头昏脑涨，逐渐才觉得有意思。像那些'蚂蚱头''霸王拳'和'麻叶头'之类的名字都是流传下来很形象的说法。"

除了斗拱之外，角楼落架大修时拆下来的木构件数量庞大，怎样能够保证将它们复原回去，也有技巧。"老工匠是靠标写'大木号'传递位置信息的，它比ABCD或者1234更加准确。以前的木匠未必认识多少字，但至少会掌握20个字：'前后老檐柱，上下金脊枋。东西南北向，穿插抱头梁。'有了这20个字，木匠就可以在构件的相应位置题写，就能确定构件朝向，如何组装。"等到后来修西南角楼的时候，李永革已经从参与人员变成了主管领导，工作能主持得井井有条，全靠第一次的经验。

修复太和殿

　　古建"八大作"里，最核心的是"铁三角"的技艺：木作、瓦作、油漆彩画作。"其他技艺，比如架木搭设的搭彩作，因为过去的杉槁、竹槁、连绳、标棍都换成了铁杆和铁构件，已经日益萎缩了；夯砸地基的土作已经被机械化代替。"李永革说。走上领导岗位后，他继续钻研其他门类的知识，逐渐成为通晓整个官式营造技艺体系的专家。

　　2006到2008年故宫太和殿的修缮是李永革主持过的最重要的一项工程。太和殿俗称"金銮殿"，位于紫禁城中轴线上最显要的位置，是我国现存体量最大、等级最高的古代建筑物。在当时，如此大规模的保护维修是太和殿重建300多年来的首次修缮。

　　最能体现大修难度的便是瓦作中"苫背"的环节。"苫背"是指在房顶做灰背的过程，它相当于为木建筑添上防水层。"有句口诀是三浆三压，也就是上三遍石灰浆，然后再压上三遍。但这是个虚数。今天是晴天，干得快，三浆三压硬度就能符合要求，要是赶上阴天，说不定就要六浆六压。这样的话，到了下班时间你也许还不能走，还要坚持把活儿干完，否则第二天来了上面就有裂缝。"老工匠的做工就非常瓷密。"苫背好坏是决定着古建寿命的关键，否则很容易出现尿檐，水从屋檐下漏出来。古建筑就怕漏雨，越漏越坏，越坏越漏，最后倒塌。"

　　和石灰也有学问。李永革在琢磨透一件事后，总喜欢用生活中的例子来给工人们讲解。"石灰在建筑上用得很普遍，但是不同的用途就有不同的和法。就跟和面似的，擀饺子皮或者做面条，什么时候用开水，什么时候用凉水，怎样的比例，要心里有数。"做学徒的时候，赵崇茂师傅经常提点李永革："你小子'筋劲儿'不对。"但什么是"筋劲儿"师傅也说不清楚。后来李永革明白了，也对工人们讲这个词儿："就是对分寸和火候的掌握，用力大小，干活时间长短，材料使用的多少等，怎么样就算筋劲儿使对了要自己摸索。"

太和殿当时出现屋顶瓦面塌陷的状况，为了探查原因，李永革带着施工队伍揭开屋顶上檐东西两山面进行检查，结果就有了意外发现：根据《中国古代建筑技术史》中的记载，专家此前都一致认为最高等级建筑的太和殿的屋面苫背也应该为最高规制，所以维修方案中选了铅背的做法。

但事实上太和殿屋面苫背采用了最简单的苫背材料与方法，首先在望板上铺桐油灰约2毫米，之后涂上8～10厘米的白麻刀灰，在白麻刀灰背上直接铺瓦。"于是我们决定尊重历史，就按最朴素的做法来进行原状修复。"李永革说。

彩画绘制是太和殿维修工程的重点和亮点。施工前李永革带着同事们多次到现场勘查并与老照片对比，发现太和殿外檐20世纪五六十年代绘制的彩画的纹饰随意，与历史原貌不相符，而太和殿内檐仍完好地保留着清代中早期的面貌，因此需要重做外檐彩画，重现历史风貌。

起谱子是画彩画的第一个步骤。传统的方法是根据木构件的尺寸来绘制大样，由设计者创作，细节部分有许多个人特色。"但为了保证重做彩画的原真性，我们采用了一种名为'套起'的方法进行绘制。套起是基本没有创造的，与复制的意义相似。太和殿外檐彩画大部分是根据内檐相应位置木构件上彩画的拓片起的谱子。"

太和殿彩画为皇家最高等级的"金龙和玺"，上面大量使用了含金量98%的库金和含金量74%的赤金，且相互交错。"比如斗拱，以斗拱每攒为准，坐斗为蓝，贴库金；坐斗为绿，贴赤金。以此类推，库金、赤金相间来贴，极易贴混。"李永革要求工人们每人只能贴一种金箔，避免搞错。

2008年，当太和殿去掉围挡，重新以威严壮观的面貌展现在游客面前的时

制作烫样的过程（张雷摄）

候，李永革还在忙碌一件和太和殿有关的工作——撰写《太和殿维修工程施工纪实》。"故宫维修缺乏这样的记录。"李永革说。他曾经去日本奈良的药师寺参观，发现那座建于公元680年的寺庙存留下来1000多本维修笔记，这让他深受触动。

太和殿始建于明朝永乐十八年（1420），之后数次因火灾重建。现在的太和殿是康熙三十六年（1697）重建后的形制。中华人民共和国成立以后，太和殿还经过大大小小6次修缮。但在2008年之前唯一可查的详细记录，仍然是康熙年间写下的那本《太和殿维修纪事》。

传承之忧

　　李永革从来都觉得精力旺盛，平时经常下工地，直到有天爬高的时候觉得有些吃力，他才意识到自己不再年轻了。那是2003年，他47岁。"再看看和自己同一批进来的人，有高血压的、心脏病的，老年病都提早光临了。"他意识到了技艺传承的紧迫性。2005年，李永革在故宫搞了第一次隆重的拜师仪式，是第二代工匠和第三代工匠正式确立师徒关系，为了将传承脉络理顺，也为了了却许多人的心愿。2007年，李永革又组织了第二次拜师，从参与故宫第三次大修的工程队伍中选了10个不错的苗子让第三代工匠带着来学习。然而他们却称不上第四代工匠，随着大修告一段落，这些工人相继离开了故宫。"你也可以看成，官式古建营造技艺得到了更广泛的推广。"李永革自我安慰般地说道。

　　李永革寄予厚望的是2013年修缮技艺部面向社会招到的15名学员，他们被分成瓦木和油石两个组。"因为瓦作和木作，或者油彩作和石作彼此间都有相通的东西。现在年轻人文化水平高，掌握速度快，没必要单打一。"

　　第三代师傅手把手地给予学员最好的指导。在办公室旁边的一间屋子里，一个学员正在一丝不苟地做着砖雕。"这个叫作'透风'，在靠近柱子的墙壁上下各有一块，上面有眼儿，为的就是能让空气流动，柱子不至于糟朽。"李永革介绍，"一个好的'透风'要花费雕工一天多的时间，哪里是花朵，哪里放瑞兽，都有说法，做出来成本就在四五百块钱。有的施工队想买那种便宜的'透风'：砖厂在砖烧制之前还是软的时候用竹签子划出个花瓣之类的浅浅的图案。我坚决不允许。这样就失去官式建筑的讲究了。"

　　另外一位学员正在制作明代斗拱和清代斗拱的比较模型。"清雍正十二年时，出了一个'清木作宫廷做法'，就是把做的斗拱的尺寸进行详细的规定，明代的时候没有。但是明代也是在继承原来的元制或者是类似宋制，是这么演变过来的。所以明清两代的斗拱还是有很大差别。"李永革说。

故宫是明清两代建筑的活教科书。"比如一个大殿里，一个木构件朽了，人们都想要换掉它。可是它有可能偏偏就不能换，因为只有这个东西才能说明它的建筑年代，换掉历史信息后就不明了。"目睹过外来施工队伍里一些"昨天还在地里刨白薯种白菜，今天就来修文物"的工人极不专业的操作，李永革最担心的是他们会把故宫的特征修没有了。"到时故宫就不是故宫了，就成现代宫殿了。"

这拨精挑细选出来的年轻人现在还是面临两个问题，除了缺少参与大型工程练手的机会外，他们也没有纳入故宫正式人员编制，"30多岁的人，都是拖家带口的，经济压力大"。到现在，15名学员还剩下9个。他们还会成为和李永革一样，一辈子修故宫的人吗？（撰文：丘濂）

故宫是明清两代建筑的活教科书（张雷摄）

3

最后的工匠

瓦木土石扎、油漆彩画糊……大修的每一个环节：选材、工艺、工匠都力求遵循几百年前的传统。于是，修缮故宫也成了一种仪式，成了传统的一部分——建立在这座伟大的物质文化遗产之上的"非物质文化遗产"。

大红的宫墙，隔开了传统和现代两个世界。故宫大修现场，没有巨大的吊车、机器的轰鸣，只有工人在木架间穿梭，搭木、挖瓦、上漆、彩绘，进行最原始的手工劳作。大修的每一个环节，选材、工艺、工匠都力求遵循几百年前的传统。于是，修缮故宫也成了一种仪式，成了传统的一部分——建立在这座伟大的物质文化遗产之上的"非物质文化遗产"。

　　这项列入国家级名录的非物质文化遗产叫作"官式古建筑营造技艺"，传统上，这套营造技艺包括"瓦木土石扎、油漆彩画糊"八大作，其下还细分了上百工种。在封建等级制度之下的古代建筑从材料、用色到做法，都要严格遵循营造则例，代表最高等级的紫禁城无疑是这一整套营造技艺的登峰造极之作。

　　对历经几百年风雨的紫禁城大修，从2002年开始，将持续至2020年，并不比重建整座宫殿的工程量小。选材上，只能从史料上重现当年的辉煌：永乐四年开始，备料和现场施工持续了13年，动用了10万工匠，数十万劳役。"殿内铺用澄泥极细的金砖，是苏州制造的；殿基用的精砖是临清烧造的；石灰来自易州；石料有盘山艾叶青、西山大石窝汉白玉等；琉璃瓦料在三家店制造。这些都是照例的供应。照得楠杉大木，产在湖广川贵等处，差官采办，非四五年不得到京。"现在的建筑市场上还能买到这些传统材料吗？

　　各个不同的工种也在变异甚至消失。主管大修的故宫博物院副院长晋宏逵说，八大作都随着现代社会需求的萎缩而萎缩。比如搭材作，过去用木材，现在用钢管了，过去用麻绳捆，现在改螺丝了。裱糊作，过去老百姓都要裱糊房子的时候，这个工种很发达，现在即便故宫里也少有这一行的工匠了。

　　《考工记》中记载着2000年前的手工艺，其中有匠人之职，属于营国修缮

工匠在为故宫寿康宫绘制彩画（关海彤摄）

的工种，所谓"国有六职，百工居一"的制度。封建社会灭亡后，古建营造的传统制度断裂了。故宫似乎是个特例，经年不断的修缮为传统工匠和工艺的传承提供了温室般的小社会。但如今，一代工匠逐渐老去，下一代却无法衔接。

晋宏逵说，故宫尽管声名赫赫，毕竟只是文化部下属的事业单位，并无专门针对传统工艺、工匠传承的机制。"比如故宫要招聘，按规定必须是大学毕业以上，大学生干这个吗？这个工种是蓝领，不是白领。但故宫没有招蓝领的机会啊。"

最近，故宫修缮中心恢复了木、瓦、彩画的传统"拜师会"：徒弟毕恭毕敬行三拜礼，送拜师礼，师傅们端坐椅上回赠收徒帖，一旁是引师、证师。故宫里中断了半个世纪的工匠传承还能延续吗？

断代的传承

"修故宫是门手艺，靠师傅的口传心授，徒弟的'筋劲儿'。"修缮中心主任李永革介绍。修缮中心位于故宫外西路，在或拆或改的未开放区建筑群中，这里仍保持着它在功能上的历史延续——在清代曾作为造办处，为皇家制造生活器具。按故宫副院长晋宏逵的要求，修缮中心有三大任务，一是大修工程，二是碎修保养——相当于故宫的物业，第三大任务，也是最重要的，就是营造技艺和工匠的传承。"没有传承，修缮中心就没有存在的必要，我随便在街上找一支队伍不就能干吗？"

修缮中心伴随着中华人民共和国成立后故宫的3次大规模维修，1952年成立的"故宫工程队"，就是修缮中心的前身。战乱时垃圾遍地、杂草丛生，国将不国了，哪顾得上修故宫？中华人民共和国成立后第一次大修的首要任务是清理垃圾，然后才是修缮整理。李永革1975年从部队复员来到故宫，当时故宫有个解说词，形容1912到1952年有多乱，说是"从故宫清理出的垃圾，如果修一条2米宽、1米高的路，可以从北京修到天津"。

谁来修故宫呢？一开始是从外面招人。每天早晨来上工，在门口发一个竹签，晚上干完活，把签交还，大工给2块、小工给1块工钱。如果干活不错，工头会说"明儿再来"，如果不好，"您别来了"。靠的是一种松散的管理。当时的故宫古建部主任是单士元先生，他觉得这样不是办法，就把一些在北京各大营造厂的"台柱子"召集到故宫，让他们带徒弟一起来，发固定薪水，冬天"扣锅"时也上班，做模型，为开春挖瓦做准备。这些人在传统的"瓦木土石扎、油漆彩画糊"八大作中都有代表，当年号称故宫"十老"。这些顶尖高手是故宫修缮中心的第一代工匠，也是故宫古建传承的根。

第一代匠人大多走的是旧式传承之路——商号带徒弟。说起来，这些商号也与故宫有紧密的关联，清末各木厂、油漆局、冥衣铺、石厂大都集中在鼓楼西大街附近，东至东直门，西至甘水桥，延续了五六华里。这一位置离故宫神武门不远，属闲杂人等出入的门，正是为了方便去故宫接工程。在民间和宫里的双重实践中，他们练成了手艺。

20世纪50年代到70年代的传承大多靠第一代工匠的口传心授，第二代传人有木作的赵崇茂、翁克良，瓦作的朴学林，彩画作的张德才、王仲杰，他们现在已七八十岁了，大多身体不好或已去世。

"文化大革命"期间，师徒传承中断了。李永革1975年来故宫时，在大木作当了七八年学徒，但已经不兴磕头拜师、"封建迷信那一套"了，讲究"革命同志式的关怀"。当时"十老"中还有人健在，但也八九十岁了。李永革跟着赵崇茂师傅，但没磕头、没鞠躬，没有师徒名义。

李永革这批第三代工匠，来自故宫工程队历史上最大的一次招聘。20世纪70年代，故宫给国务院打报告"五到七年规划"，耗资1400万元，得以进行第二次大修，招收了457名技术工人。那个年代工作不好找，故宫在市中心，也是个事业单位，不错的出路。李永革复员后虽然也可以进公安局，但他家住鼓楼附近，骑自行车10分钟就到故宫，"离家近，是一宝"。何况木工是一门技术，故宫无疑是这门手艺中最高的。

到2000年以后，第三代工匠已经过了50岁，却不知把手艺传授给谁。"现在的北京孩子谁还愿意从事这种行当啊？"李永革认为，故宫不能局限于招正式工了，民工中各工种的尖子，也要想办法留下，才能保证不失传。这要靠故宫人事制度的改革，或者修缮中心部分公司制的尝试。他觉得，像招研究生一样，确定几个导师，付给报酬，或许是个路子，"签订责任书，规定教授的十八般武艺"。

古建八大作中，有"铁三角"之说，木、瓦、油。无论是整体木结构、琉璃瓦的维修和铺设还是彩画的形制和绘制，都包含着相当繁复的工艺。李永革说，比如用作木建筑保护层的"地仗"，配方包含着岩石颜料、桐油、米浆、兽

杨志和徒弟范俊杰在慈宁宫钉望板（关海彤摄）

血等古老材料，尽管现在已不再是秘密，但春夏秋冬、何种木材、下不下雨，比例都不同，个中奥秘只有那些有着几十年经验的老工匠才掌握，"就像老中医开药，药方不同"。

"储上木以待良工"

据古老传统，宫殿安装大梁时必须择吉时焚香行礼。清代重修太和殿时，因这里是金銮殿，康熙皇帝郑重其事地要亲自主持梁木入榫典礼。不巧，大梁因榫卯不合悬而不下，典礼无法进行，这对皇帝是大不敬之事。工部官员急中生智，让木作工匠雷发达穿上官衣，带上工具，如猿猴般攀上脚手架，斧落榫合，上梁成功。康熙帝龙颜大悦，当面授予他工部营造所长班之职，后人编出"上有鲁班，下有长班，紫微照命，金殿封官"的韵语。

这未必是史实，但从一个侧面表明了木结构对传统建筑的决定性作用，大木作的哲匠良工也往往代表着一代营造匠人。现今76岁的翁克良就是大木作第二代工匠的代表。

自从1952年来故宫"问道"开始，翁克良在故宫一待就是50年，参与了"宫里"几乎所有大殿的大木维修。最让他自豪的是修四大角楼：1951年西北角楼、1959年东北角楼、1981年东南角楼、1984年西南角楼。前两个角楼都是老前辈带着修的，修后两个角楼时，翁克良已经是木工组组长了，能亲自主持大木修缮。"一般人说是9梁18柱72条脊，其实比这还要复杂，上下三层，有20根柱子、28个出角、16个窝角。"虽然维修角楼时不慎被切断一截手指，但他觉得也值得，"角楼是故宫木结构中最复杂的。还有谁能参与4个角楼的修缮？"

作为官式木建筑的顶峰之作，故宫主要采用中国北方地区大量使用的"抬梁式"大木结构体系，以木材制作柱、梁、斗拱、檩、椽等主要承重构件，由相互垂直的椽、檩承托上部屋面荷载，通过梁架与斗拱传递到木柱，最后将全部荷载传递到基础。

一座宫殿所用的木料和它的体量大约相当。明代修故宫非常奢侈，大殿常用金丝楠木，木纹中隐含金丝，在阳光照射下白烁华美。入清以后，由于缺乏楠木，转而大量使用黄松。甚至乾隆皇帝为自己特别修建的颐和轩，也只是采用了红松做柱外包楠木的办法而已。

据翁克良观察，如今故宫中已经没有完整的楠木殿，楠木使用较多的也只有南薰殿一处。再到后来足够大的红松亦属难得，大量使用木料包镶拼接技术，太和殿内那些直径1.5米、高13米的"金龙柱"就是利用这种技术拼合而成的。而现在市场上最好的就是大小兴安岭的红松，但也所剩无几，大口径木材开始从东南亚进口了。

遵循最小干预和减少扰动的原则，大修中木结构尽量不更换。有些木构件局部糟朽，失去承载能力，通常采取局部剔补方式处理，将糟朽部分剔除干净，用干燥旧木料按原式样、尺寸补配整齐。现在也在局部加入了新材料和工艺，如周圈剔补时，加铁箍一至两道，"穿铁鞋"。

在翁克良看来，最难的并不是重搭繁复的角楼，而是"抽梁换柱"——整体框架不动，把三面开口的柱子抽掉再安装。这就要在起重架抽取前，先在柱子上打号，记载它的角度，以确保安装后分毫不差地回到原位。"大木号"的做法古已有之，比如某根抽掉的柱子上记载"明间、东移缝、前檐柱、向北"，清楚标明位置，还有工匠的签名，类似一种责任制。

翁克良的手艺是在故宫外学成的。16岁时，母亲就托人给他找了个师傅学木工手艺，就是刮、砍、凿、刺四项基本功。师傅叫侯宽，在营造厂做事。"当时拜师都要举行仪式，先得给木匠行的祖师爷鲁班上供，磕仁头，之后再给师傅磕仁头，还要给师傅送礼。做了徒弟之后，每年的年节也要给师傅送礼。"

"师傅收徒都是一拨一拨的，也不会给人开小灶，徒弟们都给师傅打下手，自己靠悟性跟着学。当徒弟讲究三勤，就是眼勤、手勤、腿勤，做不好就得挨师傅打。有时正干着活呢，刚一走神，师傅在后头随手拎起个木板就给屁股来一下。"翁克良当学徒那时候，木工手艺一般是"三年零一节"出师，就是满3年之后，再逢到一个年节日，这手艺就算学成了。

现在不像以前了，不是师傅不愿教，而是徒弟不愿学了。故宫木工组20世

故宫大修现场，有的只是最原始的手工劳作（关海彤摄）

纪70年代收了30多个徒弟，翁克良带过的也有不少，现在大多数都改行或离开故宫了。2005年12月27日，故宫里又恢复了传统拜师仪式，他也收了两个徒弟，一个叫黄友芳，一个叫焦宝建。他送了16个字："继承不骄，困难不馁，古建技艺，传承为任。"翁克良对老伴说："跟多俩儿子一样。"

前几年，翁克良亲手做了一个牌坊斗拱送给二儿子翁国强，这个儿子也在故宫做了木匠。"斗拱是故宫木结构的基本象征。封建等级制度下的官式建筑确立了模数制，模数以哪儿为标准？就是斗拱。斗拱最下面一层的斗口宽度，定位为一个模数。一旦这个确定，就等于确定了整栋建筑的基本纲领，下面就跟着口诀走，比如檐柱十口分，金柱十二口分，柱高十一口分。"

翁克良1954年参与了武英殿第一次修缮工作，儿子翁国强参与了2003年武英殿的第二次修缮，这是两代人共修的一个大殿。武英殿是故宫此次大修中的试点，任木工工长的翁国强将殿顶拆下后，发现一根大梁早已糟朽不堪，空手就能掏下整块木渣，必须更换。但即使是采用当时最大的新木料，直径90厘米、12米长的红松木，对于武英殿来说也远远不够大。

翁克良去现场勘测，提出建议，是否可以加长一截，内以钢筋为心，外包木料？这一建议被采纳了。不过，翁国强现在看来，这种"钢心"的做法并不符合文保原则，现在宁愿进口国外大口径木料。

"金砖"传说与旧瓦新釉

站在重建的建福宫香云亭顶俯瞰，起伏的屋顶在阳光照耀下霞光四射，一派气象万千、金海似的琉璃境界。50岁的瓦匠白福春特别有成就感，"看到这片'西火场'在我手中变得金碧辉煌了"。

白福春有个艺名叫"延承"，"这可是有家谱的，有门有户的"。他拜了故宫第二代瓦匠朴学林为师，论起来，属兴隆马家的传承者。兴隆马家是清代显赫一时的北京古建筑营造世家。故宫文史资料载，明朝参与主持故宫修建的工匠，青史留名的共有4人：阮安、梁九、蒯祥、马天禄。工程完工后，其他3人都成了朝廷官员，只有马天禄依旧留在营造行业里，开办了兴隆木厂，承接皇家工程。

到清代，皇室宫廷建筑，都在明朝基础上扩建和改造而成。皇家大型工程，由内务大臣主管，再由工部转交给当时京城的12家木厂承包。12家中，以马家的兴隆木厂为首，所有皇家工程都由"首柜"向工部统一承办，再分发给其他11家木厂分头施工，类似于今天的总承包商。

"师傅比父母还重要。"白福春很认真地强调。他在2005年底修缮中心的拜师会上正式拜了师，他对师傅说："干了这么多年了，兜里没多少东西了，想拜您为师，从您手里掏出点东西来。"如今76岁的朴师傅身体不太好了，他每周都要去看师傅一次，有什么不明白的，还可以有人问，就觉得心里特有底。

瓦作不只是屋顶的琉璃瓦，其实包括3个面：地面、墙面、屋面。地面的最著名传说当然是"金砖"。白福春感叹，现在真正的"金砖"确如黄金般贵重，而且烧不出来了。其实，金砖并非黄金做成的，而是产自苏州的一种细料方砖的质量标准，而这种质量是靠手艺、靠时间磨出来的。

传说中，要把某一段河道截断了，等泥淤3年、上岸晒3年、做起坯子3年再烧制，而成品率大概只有1/10。砖的实际制作过程也相当烦琐，选土要经过掘、运、晒、推、舂、磨、筛共7道工序，经3级水池的澄清、沉淀、过滤、晾干，经人足踩踏，使其成泥；再用托板、木框、石轮等工具使其成形；再置于阴凉处阴干，每日搅动，8个月后始得其泥，即传统工艺所说的"澄浆泥"。

　　现在苏州仍是金砖的唯一产地，其"御窑"的生产工艺已被确立为非物质文化遗产。故宫为这次大修中的室内地面，订购了近4万块金砖，尽管质量仍是最精良的，但已不是当日的"金砖"，而只能说是方砖了。晋宏逵说，为防止有朝一日太和殿内更换，故宫想发出定制真正金砖的要求，但好几年了都没谈好呢。"从光绪到现在都没人让他们烧过这种东西，他们还会不会烧？"关键是不可能花这么多时间、精力去做澄浆泥了。李永革做过一个实验，100块大金砖，最后的成品只有一两块。"一块砖的成本要上万块，谁会做？谁会买？"

　　"故宫的墙砖与别处有什么不一样？"白福春指着建福宫刚砌好的"干摆墙"说："每一块砖用的时候都要经过砍和磨，所谓'磨砖对缝'，从外面看砖缝细如发丝。"故宫的活难就难在这儿，平常的砖砌上就行了，但故宫不行，每块砖的5个面都必须砍成一个楔形，叫"五扒皮"。剩下要露在外面的一面是最大的，很容易把这个面对得很齐，像镜面一样。

　　"经过这样'五扒皮'的一块成品砖，如果4个边稍微碰了一下，哪怕几毫米一个小口，就废了。所以对砖的质量要求高，一方面不能太硬，斧子砍不动不行，另一方面又要是相对柔和的，不能很脆，容易崩。质量越致密、柔和、均匀越好。"晋宏逵不无遗憾，现在即使是建筑市场上最好的砖，也与古代有很大差距了。

　　让晋宏逵忧心的是，黏土砖北京已经不让烧了，只能到外面去买，外面慢慢也不让烧了，传统材料逐渐就萎缩了。琉璃瓦也是如此，原产地在北京的琉璃渠，现在那里的土开挖已经受到了环保部门限制，这种土也快挖完了。

　　屋顶铺设琉璃瓦之前，还要经过若干工序。爬上香云亭屋顶，上面已有薄薄一层黑色涂层，"这是铅备，防水用的"。之后确定天沟高低，"高了，围脊没地方了；矮了，水流不出来"。再涂一层护板灰，就可以上两遍泥备，再两遍灰备，就可以铺瓦了。

金灿灿的黄色琉璃瓦为皇帝专用，为紫禁城铺设了重要一重色彩。大修前，古建部对各处建筑屋顶的瓦都进行了勘察，目的是找出"瓦样"，即分类为乾隆年造、道光年造等不同样式，再画出图纸，标出顶瓦、檐瓦的不同位置。按照故宫的整体计划，表面残破面积超过50%的琉璃瓦要替换，没有超过50%的则要继续使用。

这么算来，故宫中的琉璃瓦大约有40%需要替换。除了个别因破损要完全更换，大部分瓦都是时间久了釉色脱落，利用"复釉"技术就可旧瓦翻新了。钦安殿的琉璃瓦"复釉"就是白福春主持的。"古代的瓦尽管釉色脱落了，但胎体厚实，复釉后比现在新烧的瓦还好。"

在过去的每一块砖和瓦里，都有标注和印章，如"嘉庆×年，×窑，××烧制"，干不好是要追究责任的。而现在工业化生产，都计算成本了。时间久了，白福春并不觉得和瓦打交道枯燥，"跟玩意儿似的"。

彩画行"先生"

"彩画行里，称'先生'。"张德才颇有些自豪。这就将彩画匠与古建八大作里的其他工种区分开，那些都称"师傅"。那些出现在藻井、斗拱、门楣、梁柱以及外檐处的彩画，凝聚了细节之美。不为人注意之处在于，古建彩画的第一重特性并非装饰，而是木建筑防腐的第一道防线：颜料可以辟湿，有些更含有剧毒，令虫蚁退避三舍。

此外，那些花草、云朵、西番莲等无生命的自然物与龙、凤等寓意吉祥的图腾的巧妙组合，向后人传递着比木构更细致也更明确的历史信息。与彩画的多种功能相对应，彩画匠人也有多重身份：画家、工匠、考古者。

看寿康宫里现场绘制彩画的场景，薄薄的倾斜木板搭接在屋檐下，几个人间隔着默默站立，一站就是一天。在一笔笔勾画之间，一个彩画匠一天大概能画完半平方米左右。"像鸟一样的工作。"今年74岁的张德才形容自己从事了一辈子的彩画业，"每天停在高高的架子上，不停地画啊画啊。"

张德才的"画室"在修缮中心后排的一间低矮小屋里，屋子很简陋，仅一桌、一椅，桌上摆满了一卷卷土黄色的绘图纸，角落里是些油画笔、丁字尺。与这个院里大多数不修边幅的工匠们不同，他打扮得干净整齐，头发也梳得一丝不苟，看上去像个勤勤恳恳的老教师。被故宫返聘后，他就独自在这间小屋里，日复一日地在灯下"起谱子"，这些画在土黄色纸上的"谱子"将成为待修缮宫殿的基本依据。

张德才的父亲张连卿，是20世纪50年代的故宫"十老"之一，在鼓楼东大街上的文翰斋佛像铺出徒，后来成为北京城里数一数二的裱糊匠。清末民初，社会上没有彩画铺，彩画匠都出自油漆局和佛像铺。1953年，在单士元广纳古建贤才之时，张连卿带着儿子德恒和德才，一起来到故宫稳定下来。

张德才在工作室绘制作品（关海彤摄）

刚来的8年里，张德才跟着父亲画了几百张彩画小样，这也是单士元的提议：一个个大殿走遍，把彩画拓下来，然后缩小复制成"小样"保存，为有朝一日的彩画修缮提供原始依据。

来故宫时张德才只有17岁，有一天他花5毛钱买了一把京胡回来摆弄，马上被父亲喝令扔了。因为画匠讲究的就是一心一意，有杂念是做不好事的。虽是门里出身，但张德才的师傅并不是父亲，"子弟没人瞧得起，非得拜师傅"，他拜了"十老"中的另一位和文魁先生为师。

"和先生在油漆局学徒，后来给人画灯片出了名，被请去给恭王府最后一位主人溥心畬代笔画画。溥心畬是当时的大画家，和先生在王府里干了整整25年，也算是最好的画匠了。"和先生平时独来独往，不愿意收徒，张德才就每天从鼓楼东坐叮当车去他家，喝水下棋，天天如此。和先生终于有一天对同住的侄子说了一句，"给你师哥倒水"，算是收下了这个徒弟。除了彩画，先生还给他讲《三国志》，教四书五经、珠算，让张德才十分佩服。

第一代故宫工匠已经湮灭。张德才觉得，父亲和师傅那代手艺人有共同的东西，就是珍视名誉，宁愿赔钱，也不能让人家说出不好来。"父亲一直强调，皇宫彩画向来是彩绘行业里的正统，也就是说绝不能偷工减料，一笔一画丝毫不能马虎，也不能为了工钱的多少影响到彩画的质量。"

说起来，彩画的工序就那么几道：起谱子、落墨、扎孔、纹饰、贴金、沥粉、刷色、细部。有些传统随时间早已改变，比如颜料，原本全是天然矿物质的，现在两种最主要的颜色都是进口的化学颜料，石绿是巴黎绿，石青是从德国进口的。没办法，国产的质地、色泽没那么纯正了。沥粉所用的工具原来是猪尿泡，利用它的弹性把粉挤出来，但因为这种原始材料味道难闻，已经换成了铁质器皿。但张德才认为，传统工艺不能丢，比如当年师傅教的是徒手画线，在底下也要不断画画练腕子。现在用上了工具，贴胶带纸画直线、圆规画圆，但那只是技巧，"技术是技术，技巧是技巧"。

跟着父亲画小样那8年，张德才几乎看遍了故宫所有大殿的彩画，发现彩画里的历史信息远比想象中复杂。粗分起来，故宫彩画有三大类，和玺彩画是等级最高的，画面由各种不同的龙或凤组成，沥粉贴金、金碧辉煌，主要用于外朝的重要建筑以及内廷中帝后居住的等级较高的宫殿。旋子彩画，以涡卷瓣旋花构成，一般用于次要宫殿或寺庙中。这两类都是"规矩活"，主要按形制绘制，没有自由发挥的余地。

张德才更喜欢的是画"白活"，也就是苏式彩画，顾名思义来源于苏式园林，等级最低，风格犹如江南丝织，自由秀丽、花样丰富，多用在花园、内廷等处。三大类下面的细分就太多了，在古建部做彩画研究的第二代彩画匠王仲杰对此剖析得更为深入，"还要根据不同的功能、时期、等级等划分。比如都是皇帝的宫殿，办公处的太和殿、乾清宫、养心殿等宫殿多采用'金龙和玺彩画'，皇帝生活起居的交泰殿、慈宁宫等处则采用'龙凤和玺'彩画；太和殿前的弘义阁、体仁阁等较次要的殿宇使用的则是龙草和玺彩画。皇帝祭奠祖先的太庙呢？无龙无凤，庄严肃穆；陵墓所在的清东西陵则更素雅；御花园则以苏式彩画为主。"王仲杰认为，彩画中表现的封建等级制度，比木结构还要更细致、更明确。

"老师傅画了几十年，才能一瞧就懂。"张德才说。清晚期的彩画一般在画面上均划分为枋心、藻头和箍头三段，主要看中间的枋心辨别。但皇帝的喜好也很难捉摸，比如枋心里一道黑线，看起来不吉利，但有个解释，叫"一统万年青"；如果枋心里只刷蓝绿大色，又叫"普照乾坤"。因为形制的繁杂，一般能够起谱子的都是画了几十年的老师傅。

张德才画室对面，是一间面积更大的画室，像个仓库，属于张德才的大儿子张志全和另一个画工使用。门对门的父子俩关系却有些微妙。张志全看上去更洒脱随意，脸上总挂着笑，但笑容里又藏着些无奈——因为是农村户口，他在故宫干了22年了，还是"临时工"。在张志全到故宫9年后，他弟弟也进来做画工了，或许是"疼小不疼大"的传统观念，弟弟接了父亲的班，成了故宫的正式员工，一下子形成了兄弟俩收入的巨大反差。（撰文：贾冬婷）

4

故宫里的钟表师徒

"要细致，要手巧，要耐得住。"王津觉得总结起来无非也就这几点，重要的是愿意跟那些沉默的钟表较劲。其他的，都可以从头学起。

老师傅王津和他的同事们一样，每天不到8点钟就到故宫上班了。从北边的神武门进来，往西走上一小段，在一个窄窄的巷口拐入，顺着路就能走到文保科技部的所在地西三所，过去老太妃们的居所。那段窄巷不过一米来宽，两边的宫墙特别高，只有正午的时候能有阳光照到半堵墙，显得幽深而肃穆。在故宫还未完全苏醒的清晨走去文保科技部，一瞬间会有转过那深巷尽头也许就穿越到昔日紫禁城的错觉。

不过每天从这里走过的王津不会有这样的恍惚感，故宫对他来说首先是一个单位。其次待了30多年，这里的一草一木、一砖一瓦唤起的情感不是生疏的神秘，而是再熟悉不过的日常。一切如旧，连1977年他刚进入钟表室的那间屋子也没有变过，屋子里永远都是静悄悄的。"好多时候其他人来找我们，都不知道屋子里有没有人。"

神武门

文保科技部用一个形象的说法就是"文物医院"，下面设了书画复制组、书画装裱组、木器组、金石钟表组、综合工艺组和若干实验室，故宫所有破损文物的修复工作都是由这个部门里的修复师们完成的。这个部门的前身是1951年成立的故宫文物修复厂，1988年扩建为文保科技部。当时一批来自扬州、苏州等地的老手艺人进入故宫的修复厂，充实了故宫当时因为历史原因而流离和削弱的修复力量。大部分修复组都吸纳了外来的手艺，然而钟表组却显得有些特别。

宫廷钟表是皇族的专有物，宫廷钟表修复师当然也只有宫里才有。民国时皇帝被赶出宫，一大批宫里的手艺人也被迫离开，不过钟表修复师却一直留在这里，因此钟表的修复技艺得以传续下来，没有断层。但是如今考究起一代代的传承人，却最多只能追溯到王津的师爷徐文麟，再往上就没有人知道了。

而这个遥远的师爷，也是王津从师傅马玉良嘴里知道的。徐文麟带了四个徒弟：徐芳洲、白金栋、陈贺然和马玉良，赶上"文革"时，都被下放到了干校去劳动。"文革"结束后，陈贺然转去做了人事工作，白金栋调去了夫人所在的单位，不再回故宫，最后只有马玉良还在钟表室。

1977年王津刚来的时候只有16岁，钟表组的小屋里只有师傅马玉良和他的徒弟秦世明，王津成了马师傅的小徒弟。过了两年调来了齐刚，马师傅唯一的女弟子。此后多少年钟表组都是四人小组，各人占据小屋的一角，年复一年地修钟表。直到2005年大学毕业的小伙子亓昊楠来了，成了下一代"接班人"。前几年秦世明和齐刚陆续退休，钟表室又只剩下当年最初的人数。这个圈子里的人少到掰着手指头都能数清，"像南京、承德，颐和园，都有一部分宫廷钟表，但是没人修"。直到前两年，王津的儿子大学毕业去了颐和园，开始修那里的钟表。

王津记得马师傅带着他们去拜访过他这一代的徐芳洲，老先生是徐文麟的儿子，这就算是把同行和前辈都认齐了。徐芳洲和马师傅一样，也不爱说话，并不会对后辈谆谆教导。大概也因为钟表修复是一个不需要靠说话来传授的行业——师傅干着活，徒弟在一旁看着，看多了再开始慢慢动手自己做，王津带

故宫钟表修复师王津（右）和徒弟亓昊楠（蔡小川摄）

徒弟亓昊楠，也和从前马师傅带自己一样。一师一徒，就在破旧的雕花木头的门里，在指尖和钟表零件的寂静里不知不觉地又过了好几个春秋。

"要细致，要手巧，要耐得住。"王津觉得总结起来无非也就这几点，重要的是愿意跟那些沉默的钟表较劲。其他的，都可以从头学起。王津当年刚刚初中毕业，原本是要去附近郊区插队的，因为那年在故宫图书馆工作的爷爷去世，才被"照顾"进了故宫修复厂。在此前他并没有修钟表的基础，虽然喜欢动手，但也只拆过自行车的车链子。"那时候家里有个钟表的话也不敢拆，属于贵重物品啊。"当时修复厂的老厂长带着他到各个修复组转了转，马师傅挑中了这个看着爱动手又机灵的小伙子，他就留了下来。差不多那前后，马师傅曾带过的一个小伙子去读了夜大，出国学化学去了。

从来到故宫开始，王津就没想过生活的其他可能性，没想过除了每天按时坐在修复桌前工作以外，生活还会有什么新的变化。不过，这么说好像又有点不对：就像那每天都一点点儿偏斜的阳光总有些角度的差别，按照差不多原理运转的每一座机械钟表，它的机芯、齿轮、发条和转动系统，总有些不同。就是这些不同，让王津愿意兴致勃勃地琢磨几十年。

"中国人喜欢成双成对，所以那时候西洋进贡给皇帝的钟表大都是一对一对的。但即便是一对，它里头的机芯可能也会有差别。有可能先做好了一个之后，再做下一个的时候就有了些许调整和改进，又比如要区分左右，可能发条带动的方向就正好是反的。"因此，修复钟表的时候他们总要面对新问题。而且对于宫廷钟表而言，因为有大量装饰性和观赏性的附加功能，修复中最困难的地方，往往不是走时系统，而是表演系统。"水法转不了，小人动不起来，音乐不响了……总会有各种各样的毛病，挺头疼。"

存放在故宫地上仓库里的钟表，都是清代的，大部分由欧洲制造，其中来自英国的最多。虽说根据史料记载，最早把机械钟表带到中国来的是明万历年间的意大利传教士罗明坚和利玛窦，但是王津在故宫几十年来从没有见过明代钟表。这些清代钟表里又以康熙、乾隆年间居多，至今已过去了二三百年，最普遍的问题就是因为年头太长，又有好长一段时间疏于保护管理，上面覆满了由铁锈、灰尘、机油混合而成的污垢，机械系统难以正常运行。

因此修复时必不可少的就是对钟表进行除尘和拆卸，大型的钟表有的有一人多高，传动系多达六七套，但也要一一拆卸，最终可能拆下来的零件有1000多个。将零件清洗过后，修复师要检查零件是否有缺损，尽量想办法在原有的零件上进行修补。"我们修钟表的原则是'修旧如旧'，因此损坏的零件都是尽量修，不会说像外面的商铺，拿一个一模一样的新的换上，否则就不是修文物了。"

王津从马师傅那首先学到的就是这一点，徒弟亓昊楠来了以后，也立马向他传达这一项基本理念。"所以在拆的时候要特别小心，因为这些零件上都有很多铁锈和污垢，有的连接处很紧，稍微不注意就容易弄坏了，必须得耐着性子慢慢来。"

零件在柴油里浸泡和清洗后要按照原样将它们装回去。这是项浩大的工程。王津如今可以从容不迫地面对成百上千的零件，有条不紊地进行这项工作，徒弟亓昊楠现在看起来也比以前成竹在胸得多了。但这是数十年来一点点从易到难，才练出的手艺。刚开始时，他们都只能拆装小型的钟表。故宫的规定是新人进来后第一年不能够碰文物，所以老师们都是给徒弟找来一些非文物的小型钟表，做拆装示范，然后让弟子回去反复练习。

记忆、琢磨、动手操作，遇到问题时求教于师傅，在一次次这样的重复过程中逐渐加深操作的熟练度和难度，这是学习钟表修复最主要的环节和途径。听上去，它们是那样枯燥和琐碎，并不符合人们想象中那种传奇性的时刻：一双妙手，一种秘而不宣的技法，让年久失修的文物焕然重生。

恰恰相反，变化在每一个微小的步骤里发生：拆卸、清洗和组装。王津师徒常年浸润在这种连续不间断的工作里，他们不觉得有一个奇迹的时刻发生，修复工作就是永远连绵不断的生活。

初到这里时，王津的师傅和师兄已经在做这份工作；这么多年过去了，他和他的徒弟仍继续着这种工作，每一次修复时的变化只有他们自己能够感知。故宫藏有1500多件待修的钟表，至少还有1/3亟待修复，随着时间的流逝，它们变得越加破旧，修复的紧迫性也就更强。

王津和亓昊楠没有办法提前规划他们每一年的工作量，他们被自己内心的节奏敦促着。"一年下来普通的钟表能修10来个，大型的能修五六个，有时候碰到特别难的也就能修一两个。"王津到现在修了大约300座钟，亓昊楠来了10年，也快修了100座了。

2015年，王津和亓昊楠合作修复了大型的乡村音乐水法钟。但说是合作，其实还是分成不同的部分，两人各自完成自己那一部分的拆装和调试。"因为这是没法和别人合作完成的。"亓昊楠说，"钟表的这部分是你拆的，只有你知道它有哪些零件，都在什么位置，它们有什么问题，因此也只有自己能再组装回去。"

享受了技术进步带来的便利，如今他们在进行大型钟表拆卸的过程中，可以通过拍照来记录一些关键性的步骤，在后期的组装过程中发挥很大的作用。王津和马师傅那时候没有这样的条件。"胶卷那么贵，再说你不是专业搞摄影的，拍得好不好当时也不知道，回头等冲洗出来一看，黑乎乎的，全白费了。"其实即使到现在，王津和亓昊楠他们也还是主要靠自己的经验和记忆，毕竟，他们没有那么多时间去记录这些烦琐的步骤。

钟表组装好以后的调试是亓昊楠觉得最难的部分。缺损的零件修补好了，钟也原样组装回去了，可就是有问题，走时不准，或者到了时间不打鸣，或者表演功能里总不是按照预设的来进行。"有时候可能就是差那么一点儿，比如齿轮之间的咬合，传动系统的设定，就会出问题。没办法，就得从头一一检查，调试，可能还要拆了重新装。"

在亓昊楠看来，这个最考验耐心，也最考验修复师的感觉和手艺。从前刚开始学的时候，他每天都有数量多到不好意思问的问题想要问师傅，但慢慢地，他的问题少了，他学会了像师傅一样，把这本来就精细繁复的工作做得越来越细，一点点在手上找感觉。"小亓现在也能带徒弟了。"王津说。他们是这个部门里人数最少的小组，下一步也打算再招新人。

其实不管经验多丰富的师傅，都会遇到那种怎么也找不出毛病的关头，卡

表盒里可以放一些日常生活所需的器具（蔡小川摄）

在那里的感觉是很糟糕的，王津的办法是走出屋子到故宫别的地方走走。虽然天天生活在故宫里，但除了吃午饭以外，他只有这样的情况下会在故宫里转转。"调试一下脑子和心情，再回去接着琢磨。"

他有时候会走到离文保科技部不远处的钟表馆，那里陈列着他们好些年前修好的钟表。陈设出来的钟表只是很小的一部分，大部分修缮后的钟表都送进了地库，那里恒温恒湿，保管条件更好。

王津和亓昊楠去大英博物馆交流的时候，发现故宫收藏的这些极尽繁复精巧的座钟在它的原产国却不易得见，而且大英博物馆不会再力图恢复它们的走时或者表演功能，大部分情况下是清洗之后就按照原样归位了，这让他们意识到故宫修复这些宫廷钟表的稀有性。看着那些修好的钟表，王津就像看一些不会说话的老朋友。如果这时候身边有人问起，他会兴致勃勃地介绍："那座钟上面的小门都是可以打开的，里面会跑小人儿，还会打音乐……这些花儿转起来还会变颜色呢，小象的鼻子眼睛都能动，象鼻子能钩好几个方向，象肚子里就是转花的机芯……这个荷花是可以打开的，小鸟还能叫，你看小鸭子嘴里的玻璃棍转起来是不是就像在吐水一样？"

这是他简洁的讲述里不多见的、充满描述性的时刻。那些经他之手重新转动起来、焕发新生的钟表，那些灵动的、流光溢彩的画面和叮叮当当的声响，似乎重新回到了他的脑海里，也在他的形容里折射给了听者。为了减少磨损，它们重新寂静地安置在展厅和仓库里，这是一种必要，但多少会让他觉得可惜。

修完这些钟表之后要做什么呢？王津没有想过，因为故宫里需要修的钟表还至少需要花费几十年的时间，几代人的努力。在高墙深院的故宫里，钟表修复的世界充满一种内在的安稳与延续性。（撰文：周翔）

铜镀金狮驮规矩表镜钟（蔡小川摄）

5

把原画上所用印章以假乱真地仿制出来，要形神不失，在摹画上钤盖后达到原画上的效果，是一件十分不容易的事。刘玉把印章复制技艺形容为"在钢丝上骑自行车"，从方法到过程都不能偏离，他直到40多岁的时候才感觉可以心到手到。

从20世纪60年代到90年代，故宫博物院摹画室复制了数百幅馆藏古代书画以作收藏，其中国宝级馆藏包括东晋顾恺之的《洛神赋图》、王珣的《伯远帖》，隋代展子虔的《游春图》、唐代阎立本的《步辇图》、韩滉的《五牛图》，五代顾闳中的《韩熙载夜宴图》、宋徽宗赵佶的《听琴图》、张择端的《清明上河图》……

一幅古书画，钤印少则十几方，多则几十甚至上百方，多年都是经刘玉先生一人之手复制。他曾见过故宫第一代修复名师的"绝活"，是20世纪60年代初第一批向他们拜师的新中国文物工作者。在中国文物修复委员会1993年公布的"名师榜"上，像他这样亲历中华人民共和国成立60年以来文物修复历史的老人已经所剩无几。传统技艺随人兴衰，"绝活"大都是一代或者几代人的心血换来的，但愿它们不会消失。

刘玉在刻章（张雷摄）

初进故宫文物修复厂学艺

　　刘玉进故宫是1956年，两年后被分到修复厂木工室。"我去的时候还不叫修复厂，叫修整组，位置在故宫西北角，慈宁宫北面的西三所，说是过去给前朝妃嫔住的地方，但这只是我听人这么说。一个大院里三个门，分成三个小院，每个院都是三合，但又不像住家的三合院，院和院之间有三间房是叠合的。"刘玉后来就在这个院里待了40年，直到退休。

　　他是故宫博物院1949年后招进的第二批学生，之前1954年有过一批。刘玉记得当时进故宫很简单。他在北京上中学，每到暑假，愿意找工作的学生就可以到教务处去找管生活的老师报名，初中以上的都可以。1956年8月故宫到学校去招工，还

故宫文物修复名师刘玉（张雷摄）

在读高中的他报了名，来人问愿意什么时候去，他选了9月1日开学那天去故宫报到。

刘玉说，故宫文物修复厂分成8个工作室11个行当，包括漆器、铜器、钟表、木器、裱画、摹画和文物照相等大类，其中铜器又分新铜和旧铜，木工室除修复馆藏的硬木桌椅，也包括"小器作"，就是桌子上面陈设的盆景、钟表罩、挂瓶，还有插花瓶的框架和底座也算在里面。

第一批修复人员都是从民间选来的有绝活的人，比如铜器有赵振茂、赵同仁，裱画有张跃选、孙承枝，小器作有史建春等，普遍岁数大，有些人70多岁了，最年轻的也都四十几了，领导要求他们培养接班人，也就是带徒弟。复制中国古代书画的摹画室比木工室晚成立几年。书法篆刻家金禹民先生一人负责书画印章复制，他是新中国成立前印坛"南陈北金"之"金"，又擅长制砚、制纽、刻碑、刻竹等技艺，当时已经五十六七岁，院长吴仲超就把刘玉和另一个年轻人叫过去，让挑个徒弟跟着他学艺。

"也不算考试，金老师发给我们一人一块寿山石，写好了，刻。刻完以后交上去，他和其他人一起看了看，说相比之下我的稍微好一点。即使是这样，还有半年试用，适合才留下来。"

"这次选拔是1963年，留下后给我订了一年学习计划。那个年代时兴一种说法，干着就是学习。我在木工室好几年都只能打打下手，最简单的刷啊，擦呀。但篆刻没有知识不行啊，我得学。在故宫当年培养的那批年轻人里，我是第一个专门给了一年时间来学习的。"

给金禹民先生做徒弟前，刘玉连什么叫篆刻都不知道，但他手巧，好琢磨，也能吃苦。那一年他完全没了上下班的界限，上班学，下班回宿舍看书。金先生给他开书单，里面有《汉印分韵》《篆刻入门》《古籀汇编》，都是1949年前出版的，摹画室刚成立也缺资料，只能去琉璃厂买。

他常去找书的地方，一是琉璃厂东边进口处的中华书局，还有就是荣宝斋对面的庆云堂，庆云堂的碑帖固定摞在一个地方，一进门直接奔那地儿，两块钱一本，有的一个字就一块多，贵得买不起，当时刘玉的月工资才48.5元。"那些碑帖别人也不太需要，就我和学摹画的刘炳森去得多。买不到的，到图书馆去勾，吴昌硕的《缶庐印存》就是一个字一个字勾下来的。"

摹画室里那些有绝活的老人

刘玉调过去的时候，摹画室一共8个人，只有他和刘炳森是20多岁的年轻人，其余都是老院长吴仲超从南方请来的有绝活的人，中华人民共和国成立前就很有名头。

说到临摹，这是中国古画重要的传承方式，原作往往因年代久远散佚了，摹本就成为后人了解和研究的途径。复制书画的艺术，在唐宋已经达到了高度成熟的时期，有些传世的摹本，其珍贵程度都等同真迹，像王羲之的《兰亭序》、顾恺之的《女史箴图》均为唐代摹本。

不过据文博界研究资料，文物修复和复制独立成为一个行业比较晚，大约始于19世纪中期，赝品随之大量出现。晚清和民国初期是仿古业最盛的时期，各个门类都有民间高手。以青铜修复为代表，后期形成了北京、苏州、潍坊和西安四大民间派别。1949年后，新中国各大博物馆的第一代文物修复人员主要就是从这些民间高手的传人里面招募。

关于文物修复历史的记载里都会提到清宫造办处有个绰号"歪嘴于"的太监，此人被推为修复行业的鼻祖，原在宫里修复铜器古玩，辛亥革命后出宫在前门一带设古铜局开业授徒。他的第一代传人有7个，其中有个名叫张泰恩的人称"古铜张"，这一脉先后有12位传人在1949年后进入北京以及河北、河南等地的博物馆和文物修复机构。

在上海、南京等地博物馆里，有绝活的第一代修复和复制人员则大都出自民间文物修复行业的南派。南派多仿古铜器名匠，也有仿造古画的高手，其中两位代表人物——金仲鱼和郑竹友，在20世纪50年代初期被点名请进了故宫博物院。郑竹友20多岁就以仿造和辨伪古画成名，张大千曾请他到家中分辨石涛真迹和他自己仿造的石涛画，郑竹友一一指出分厘不差，绝妙就在以印章颜色来辨别真伪。

"郑竹友跟金仲鱼一块来的摹画室，金仲鱼摹画，郑竹友摹字。我刚进故宫的时候也不知道这些老师傅多有名，也是后来才知道的，有听人说的，也有看书报看到的。"刘玉记得，"文革"前这些老师傅的待遇都很好，工资跟他们这些人差别很大。"冯忠莲和陈林斋的工资好像是148.5元，我刚好是他们的零头，所以记得。金仲鱼、郑竹友比他们还要高一点。"

在刘玉印象中，金仲鱼、郑竹友从来不和他们聊从前在外面干活的事儿。郑竹友喜欢打太极拳，他住在北海附近，每天早晨都溜达到北海公园打拳，然后到故宫上班。北海和故宫那时是相通的，故宫的工作人员出入很方便，可以不用买票。

刘玉回忆跟随师傅金禹民学艺的情景："我师傅在新中国成立前就有名，主要是书法篆刻。我是内向的人，不好说话，师傅比我话还少。他对我用的是老式授徒方法，没教材，遇什么教什么，然后我自己琢磨，刻完一件图章拿给他

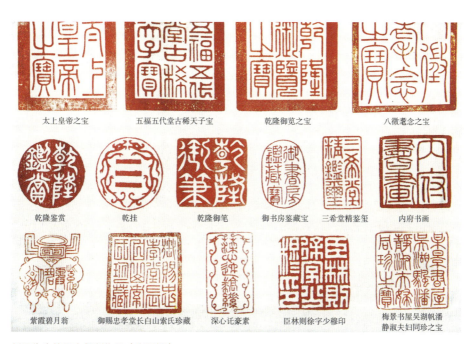

太上皇帝之宝　　五福五代堂古稀天子宝　　乾隆御览之宝　　八徵耄念之宝

乾隆鉴赏　　乾挂　　乾隆御笔　　御书房鉴藏宝　　三希堂精鉴玺　　内府书画

紫霞碧月翁　　御赐忠孝堂长白山索氏珍藏　　深心托豪素　　臣林则徐字少穆印　　梅景书屋吴湖帆潘静淑夫妇同珍之宝

刘玉先生的几方复制作品（张雷摄）

看，师傅接过去唰唰改上两刀，再递给我就不一样了。"

说到复制书画的流程，刘玉对那时候修复厂管理文物的严格记忆最深："每天晚上下班门上要贴封条，是故宫统一印制的，标注有年、月、日。一件书画从库房送到摹画室后，从开始临摹到结束交还，整个过程都要专门派一个人负责。

"我们有专门制作的摹画盒，分方形和长形两种，分别用来放置手卷和卷轴。摹画盒的两侧和背面是木板，正面是玻璃，书画被锁在里面，钥匙上交，临摹过程中只能隔着玻璃看。"

刘玉说，复制是为了代替陈列，以免文物受损，一件书画送来，一般情况下是手摹一份，照相复制三份，照相复制主要用于写意画。重要的书画摹完后，院长吴仲超会请徐邦达、刘九庵等专家一起过来评定，标准就是"形神俱似，可以乱真"。

问起当年很轰动的《清明上河图》复制，刘玉说，《清明上河图》是当时荣宝斋的老专家冯忠莲在故宫里进行的复制。他们做的是木刻水印，因为故宫文物不能出宫，勾线、刻板和印刷这三道工序都在故宫里完成。《清明上河图》在"文革"前只复制了一半，后来就搁下了，"文革"后冯忠莲和另一位摹画老专家陈林斋从"干校"直接调进故宫，继续复制工作，完成以后印刷归荣宝斋。他说，如果不是被政治运动中断那么长时间，《清明上河图》的复制也不需要花费十几年。

复制了几千方故宫珍藏印章

这么多年刘玉复制了几千方珍贵书画印章，都存放在故宫摹画室的一个柜子里，差不多一整面墙。开始数量少，他按名字分类，比如明代项子京的印放在一个盒里，清代安歧的另放一处。后来复制得太多了，记不住也找不着，他改按印章的字数来分，五个字、四个字、三个字……需要用的时候对照着字数来找，这样才方便了许多。

钤印是最后一道工序，原画要等摹画全部完成后才交到刘玉手上。"虽然是最后，但得跟上整个进度，所以在他们摹画的过程中就得让照相室把印章按原件大小拍下来，我先对着照片去勾稿和过稿。在纸上勾稿，一要细，二要准，当时用的透明纸不像现在这么好，我自己找来细棉帘纸，加工做成油纸。刻的时候非常小心，下刀宁可不够也别过，留有修改的余地。最后一步才能看原件，隔着玻璃盒子，也不能打开。"

把原画上所用印章以假乱真地仿制出来，要形神不失，在摹画上钤盖后达到原画上的效果，是一件十分不容易的事。刘玉把印章复制技艺形容为"在钢丝上骑自行车"，从方法到过程都不能偏离，他直到40多岁的时候才感觉可以心到手到。

他说，虽说复制的都是故宫收藏印，包括帝王印、文献官印和收藏印，但对印石的要求并不像我们想的那么严格，帝王印多用玉，复制的时候用普通石头也就可以了，"但石头要刻出玉纹，还有气韵。所谓气就是空隙，没有气也就没了韵"。

刘玉记得大约是1972年，有一回他去潭柘寺玩，在路沟里捡了一块石头，回家后觉得软硬合适，用来做复制印章的材料很不错。"我和刘炳森就商量着再去潭柘寺找，去了却找不着了，先前捡的那块石头不定是从哪儿来的。跟一个司机打听，说往寺的西北方向去有个地方叫赵家台，可能有我们要找的那种石头。结果我们在那儿捡回一麻袋，都是一尺长、一寸宽见方，裁完后复制时全用上了，一分钱没花。"

钤盖印章也是一门精微的技艺，稍有出入，整个摹画就废掉了，必须全神贯注。五代杨凝式的《夏热帖》有132枚印章，画摹完后，光钤印刘玉就用了一个多月。

"摹画有个功夫叫'冲'，是金仲鱼研究出来带进故宫的绝活，它可以让摹画上面勾的线和纸张紧密结合。

"我盖印没有绝招，但也得想办法让印泥渗入，就是用手或其他东西压，要不然印泥会浮起来。"

一件复制作品交给裱画室托好后裁下来，剩下的纸边刘玉就留着用来试验印泥的颜色，对照原件印色完全相符了才能在摹画上钤盖。

从20世纪70年代开始，故宫所有摹画最后都是刘玉亲手钤印，从来没有出过差错。他说，盖一方章不是沾着印泥这么一盖就完了，得琢磨：不能让印泥过了，过了没法弄；也不能不够，不够还得拿笔去补。比如手卷或者轴画，打开以后先看有多少图章，在什么位置，颜色哪点轻哪点重，在脑子里得有个概念，在盖章的时候下手的劲儿要注意，宁可不够不能过。收拾完了看色，有的用朱砂，有的用朱膘，太旧的用陈印泥。古代字画上钤盖的印章，颜色不全相同，需要自己调配印泥。刘玉常用的是故宫从琉璃厂庆云堂买的陈印泥，复制乾隆之后的印章，这种印泥基本都能用上。至今刘玉日常钤盖的印章，其"活"还是无人能比。

复制数量最多的收藏印，应该是明代大收藏家项子京，有三四十方。"他的印最典型，同一方图章，早期盖的和晚期盖的不一样，盖的时候精细不精细不一样，同一方印章要复制好几个才够用。"

他告诉我，摹刻比较规矩的还好掌握，最难的是残缺印章，有的书画经过了几百年传世，印章字迹残破模糊，这就必须对着原样仔细琢磨，品味它的"形"与"神"。

"我复制过的帝王印里面，乾隆印最多。所见古书画印章所用印泥大致有两种：朱膘和朱砂。朱膘是炮制朱砂时漂浮在最上的一层，印色要偏黄一些。乾隆用的始终是同一种印泥，但到同治和慈禧，印泥就没有前朝那么实在了。尤其是宣统时期，从刻印、钤印到印泥都不行了，印泥还不如现在的好，色不亮，发暗。"

　　刘玉曾经"救活"过一块清宫里存留下来的陈印泥。"那是20世纪70年代，我在铜器室发现一个老铜盆里装有小半盆陈印泥，具体是哪朝的也不知道，就把这东西留下了。管库房的人后来告诉我还有，我去库房里看了，比这个还硬，用锡盆装了扔在角落里面。故宫里的东西多着呢，那盆老印泥有好几斤，干成砖头一样了，当时没法使。我好琢磨，先是把它蒸软了，但有水汽，不行。后来在盆底下加热，慢慢化了再往里头兑油，最后能使了，盖出印来和新做出来的印泥就不一样，朱砂含量高，有立体感。"

　　不过刘玉还是没敢把这印泥用在复制的书画上，因为他没有把握多年以后会不会变色。"当时复制藏品的标准不是为了出售，而是永久保存和替代展示，所以用笔、用色、用墨、用印都在力求复原，这是印刷品复制达不到的。"

　　20世纪70年代，摹画室计划复制宋代画家王希孟的青绿山水《千里江山图》。宋徽宗赵佶亲授其法，并且他也唯有这一件作品传世。刘玉记得，当时摹画室最大的困难是难以找到适合的颜料，找到了昂贵得买不起，因为此画用的是纯矿物质颜料，石绿为绿松石所制，石青则用青筋石。

　　还有一次是复制帛画，找不到近似的绸，后来在人民大会堂发现悬挂的一幅窗帘质地接近，就费了周折把窗帘给要过来了。"知道复制画的时候怎么做旧吗？用最次最黑的纸，现在很难找了，就是过去老百姓拿来糊顶棚的纸，做饭熏黑后正好。"

　　1998年刘玉从摹画室退休了。老先生还是寡言，10年来日日端坐书桌前刻印，40年里见过的那些文物珍藏就在他心中手中，融进他自己风格古朴的篆刻。老先生说，自己从中国历代书画印章里最终悟得的只有"中和"两个字，无论帝王印还是那些无名收藏印，回味起来都不疾不厉，无剑拔弩张之气。（撰文：曾焱　温馨）

故　　宫　　观　　止

第五篇

台北故宮博物院

1

台北故宫博物院精品

　　台北故宫博物院藏品总数虽然不及故宫，但也颇多精品。

院选"十大珍宝"

一、散氏盘

此为西周晚期青铜器，康熙年间出土，嘉庆年间被进贡上京。盘高20.6厘米，腹深9.8厘米，直径54.6厘米，地盘直径41.4厘米，重21 312克。上刻西周晚期土地契约，共19行，357字。所刻文字线条婉转灵动，是研究西周金文的重要材料。

二、汝窑天青无纹椭圆水仙盆

汝窑为北宋徽宗时期的官窑，以天青釉色著称于世。此盆高6.7厘米，深3.5厘米，长23厘米，宽16.4厘米，是精品中的精品。汝窑传世作品不多，台北故宫博物院藏有约20件，可唯独此盆光洁无纹，充分展现了制瓷工艺对如玉釉质

（西周）散氏盘，此为拓片，现藏于台北故宫博物院

的无上追求。

三、镀金镶珊瑚松石坛城

坛城（Mandala）是藏传佛教用以象征宇宙结构的法器。这件坛城是五世达赖喇嘛于清朝顺治九年（1652）献给顺治皇帝的礼物，高14.8厘米，直径32.4厘米，通体镀金，并以绿松石镶嵌，极为珍贵，由此可见清朝与西藏在政治宗教上的密切联系。

四、溪山行旅图

范宽是北宋中期著名画家，此图是他传世的唯一真迹。这幅作品为设色绢本，高206.3厘米，宽103.3厘米，由上而下分为三段，分别代表前、中、后的距离。主体是气势雄浑的主峰，高不可攀，中景有一队商旅奋力赶路，在巨山的衬托下显得极为渺小。此画原本不知作者是谁，后来被台北故宫博物院研究员李霖灿发现画右下角树叶中有范宽的签名。据一个不愿意透露姓名的研究员透露，该隐藏在树叶中的签名是被一个工友（清洁工）首先发现的。

五、早春图

据说这是台北故宫博物院原馆长石守谦最喜欢的一幅画。这幅作品属于设色绢本，长158.3厘米，宽108.1厘米，作者为北宋时期著名的宫廷画师郭熙。

六、万壑松风图

此画长188.7厘米，宽139.8厘米，是宋朝另一位著名画家李唐的作品。李唐横跨南北宋两代，是中国画史上承上启下的人物。这幅作品是李唐在北宋画院时

（北宋）汝窑天青无纹椭圆水仙盆，现藏于台北故宫博物院

（清）镀金镶珊瑚松石坛城，现藏于台北故宫博物院

（北宋）范宽《溪山行旅图》，现藏
于台北故宫博物院

（北宋）郭熙《早春图》，现藏于台北故宫博物院

期的作品，李唐表现石面质感的用笔称为"斧劈皴"，是其笔法的一大特色。

七、快雪时晴帖

王羲之在一场大雪初晴之时想起了远方的朋友，于是有了这样一封信札写就的帖。原帖长23厘米，宽14.8厘米，其内容为："羲之顿首，快雪时晴，佳想安善，未果为结，力不次。王羲之顿首。山阴张侯。"王羲之的作品已无真迹传世，这是唐代的摹本。

八、国子监刊本《尔雅》

此刊本由南宋最高学府——国子监刊印，保存完整。国子监自五代开始刊刻经籍，但如今五代与北宋的刊本已不多见。这部南宋时代的《尔雅》是孤本，也是研究五代刻书规模的重要物证。值得一提的是，古书的字体与刊印形式也如艺术品一般有其风格演变的历史。这部《尔雅》的字体端庄有力、版面宽大疏朗，又被称为宋刻大字本，是难得一见的精品。

九、藏文大藏经

藏文佛经的装帧形式不同于汉族人习惯用的佛教经本，而是以经叶、经版和经衣组成。经叶呈长方形，一张张叠成一摞，上下以经版夹住，然后用丝带扎紧，并附上白色哈达，最后以黄绫经衣包裹，成为完整的一函经箧。这种经本形式源自印度，为西藏佛教沿用，称为"梵夹装"。此为清朝的收藏，泥金写本藏文甘珠尔经的经叶，正反两面均以金泥正楷书写，每函300～500叶不等，经叶依次序叠放后，边缘即呈现金泥彩绘的法螺、法轮、宝伞、白盖、莲花、宝瓶、金鱼、吉祥结8种图案。

十、帝鉴图说

这是张居正为当时年仅10岁的明神宗（万历皇帝）所编的教科书，每段故事先录一段简短的史传记载，再翻译成当时通行的白话文，于文末提醒为政之方，通俗易懂。台北故宫博物院所藏《帝鉴图说》共两册，是清代内府的图绘写本，色彩鲜艳，制作精美。依制作人员的年代判断，应该完成于咸丰十一年（1861）之后。

（北宋）李唐《万壑松风图》，现藏于台北故宫博物院

（东晋）王羲之《快雪时晴帖》，现藏于台北故宫博物院

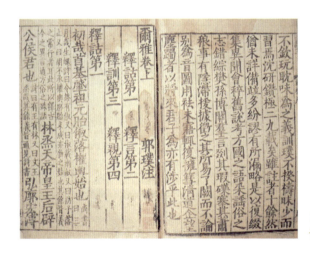

（南宋）国子监刊本《尔雅》，现藏
于台北故宫博物院

（清）《大藏经》，现藏于台北故宫
博物院

（清）《帝鉴图说》插页，现藏于台
北故宫博物院

民选"十大珍宝"

台北故宫博物院还根据普通民众的推举，票选出十大宝贝，其中仅一件和专家评选重合，显示了民间对待文物的态度和专家有着显著的不同。

一、翠玉白菜

这是台北故宫博物院内最受人喜爱的藏品，长18.7厘米，宽9.1厘米，厚度5.07厘米。匠人巧妙地运用了玉料本身的色彩变化，雕出一株浑然天成的白菜，白嫩的菜茎，翻卷的菜叶以及叶片上的昆虫，均栩栩如生。传说这是清末瑾妃的嫁妆，白菜寓意清白，象征着新娘的纯洁，昆虫象征多产，祈愿多子多孙。

二、龙形佩

中华民族早在周代以前就有佩玉的习俗，这组以青绿玉雕成的龙形佩产自战国时期，长20.5厘米，宽7.8厘米，厚度0.75厘米。像这样尺寸如此之大而又保存完好的佩玉实属罕见。

三、大雁玉带饰

这件玉饰长11厘米，宽6.4厘米，正面以多层次镂空技法，呈现大雁穿梭于河塘苇丛间的景况，塑造出线条层叠的丰富空间。背面则由铜制带扣，供穿系革带之用。这件作品既有元朝带饰的椭圆造型，又只呈现大雁而无猎鹰，可能创作于元明风格交替的时期。

四、清明上河图

此为清院本（北宋张择端原作现藏于故宫），设色绢本，长1152.8厘米，宽35.6厘米。

（清）翠玉白菜，现藏于台北故宫博物院

（战国）龙形佩，现藏于台北故宫博物院

（元明）大雁玉带饰，现藏于台北故宫博物院

《清明上河图》历代有很多画家相继模仿，清院本便是其中最著名的仿本，由雍正皇帝下诏绘制，乾隆年间完成。此版本广采各家所长，并增添了很多明清时代的特殊风格，如踏青、戏剧、猴戏、特技和擂台等。

五、掐丝珐琅天鸡尊

此尊为18世纪后期文物，铜胎，仿古铜器天鸡尊形制，高25.8厘米，宽9.0厘米，最长处21.0厘米，重约3535克。

六、快雪时晴帖

与台北故宫博物院内专家评选相同。

七、清高宗夏朝冠

这是乾隆皇帝的夏朝冠，又称为凉帽。冠高14厘米，直径28厘米，冠顶高12.4厘米。帽体以一种出产于东北的"玉草"编织而成，凉爽舒适。帽饰镶嵌有东北出产的名贵珍珠"东珠"。

（清）掐丝珐琅天鸡尊，现藏于台北故宫博物院

（清）乾隆夏朝冠，现藏于台北故宫博物院

（清）杨维占《香山九老》，现藏于台北故宫博物院

（清）多宝格，现藏于台北故宫博物院

（西汉）六朝玉角形杯，现藏于台北故宫博物院

八、乾隆香山九老

这件清朝木雕是广东宫廷匠人杨维占所作，高18厘米，宽9厘米。这件比一本书还小的沉香木上雕刻出9位老人在危岩壁洞边的活动，形象传神，岩壁间还刻有乾隆皇帝的诗句和印章。

九、多宝格

这是清宫内专门收藏各式珍玩的百宝箱，常被称为"皇帝的玩具箱"。

十、西汉六朝玉角形杯

玉角形杯以温润的和田美玉制成，高18.3厘米，宽8.3厘米，造型模仿兽角，口沿宽，底部尖。杯的正面为龙纹，杯上雕有一龙头，并以刻线的方式绘出龙身，杯底的龙尾则以浮雕的方式盘绕到另一侧，灵活生动。

另外，没有列出的重要文物还有很多，比如良渚玉琮、怀素《自叙帖》、黄公望《富春山居图》、西周晚期毛公鼎，等等。（撰文：袁越）

2

周功鑫：台北故宫博物院女掌门

因为历史原因，那些承载着中国人共同文化记忆的故宫文物却分隔两地。如何跨越现实的障碍，让它们实现对等交流甚至团聚，是海峡两岸人民共同的心愿。

合璧之展

"元朝画家黄公望，画了一幅著名的《富春山居图》，79岁完成，完成后不久就去世了。几百年来，这幅画辗转流失，但现在我知道，一半放在杭州博物馆，一半放在台北故宫博物院，我希望两幅画什么时候能合成一幅画。"

2010年3月14日上午的"两会"新闻记者会上，温家宝总理在回答中国台湾记者提问时讲了这样一个故事。最后，温家宝用了"画是如此，人何以堪"这番动情的话，令《富春山居图》在两岸民众和媒体中的关注度急速飙升。没想到，仅几个月后，令人鼓舞的信息便从海峡那端传了过来。

"我们刚刚与浙江博物馆达成协议，2011年6月，浙江的《剩山图》将会到台湾，与台北故宫博物院另一半的《无用师卷》合璧展出。"2010年8月2日，在台北故宫博物院，周功鑫①再一次向我确认了这个消息。这将是《剩山图》与《无用师卷》在相隔360年后第一次"重逢"。

"中国艺术史上，有这种传奇色彩的文物也不多了，所以它能引起大家的广泛关注是可以理解的。"周功鑫说。

《富春山居图》的命运，本身就是一个曲折而复杂的故事。它是"元四家"之首黄公望的代表作，以长卷形式，描绘了富春江两岸初秋的秀丽景色，被称为中国十大传世名画之一。1350年黄公望将此图题款送给无用上人。

明朝末年，《富春山居图》传到收藏家吴洪裕手中，极爱此画的吴洪裕，竟然在临死前下令将此画焚烧殉葬。幸亏吴洪裕的侄子往火中投入了另一幅画，救出了《富春山居图》。画虽被救下来，却在中间烧出几个连珠洞，断为一大一

---

① 周功鑫，2008年5月—2012年7月任台北故宫博物院院长。

（元）黄公望《富春山居图·无用师卷》（局部），现藏于台北故宫博物院

小两段。

1652年，吴家子弟吴寄谷将此损卷烧焦部分细心揭下，重新拼接。其中一幅画中恰有一山一水一丘一壑，画面虽小，但比较完整，几乎看不出是剪裁后拼接而成，于是，人们称它为"剩山图"。另一幅尺幅较长，保留了原画主题内容，但损坏严重，修补较多。在装裱时为掩盖火烧痕迹，特意将原本位于画作根基部位的董其昌题跋切割下来放在画首，这便是后来乾隆皇帝得到的《无用师卷》。1948年底它与数十万宫藏文物一起运至台湾；而《剩山图》则被浙江博物馆收藏，成为浙江博物馆"镇馆之宝"。

周功鑫是在2008年5月20日走马上任的。上任后不久，一次与凤凰卫视董事局主席、行政总裁刘长乐见面，刘长乐提及能否将《富春山居图》合展，周功鑫欣然应允，乐意促成此事，但是在具体的细节上却"卡"住了：浙江博物馆希望这次合展是"对等交流"，《富春山居图》在台北合展后，再到大陆合展；但是台北故宫博物院对文物出境一贯坚持的原则是，对方必须要有"司法免扣押"条款，但是大陆目前法律条文中并没有相关表述，所以现阶段台湾文物到大陆展出还存在困难。

没想到的是，僵局被打破。新的方案是浙江省博物馆将《剩山图》借到台北故宫博物院，完成合展。但略有遗憾的是，《富春山居图》仍暂时不能到大陆合璧展出。

两岸交流

《富春山居图》在台北的合璧联展，是两岸文物合作的里程碑式事件。而两岸文物界互动，特别是两岸故宫博物院的交流与合作，是周功鑫上任后颇为引人注目的一个努力方向。我在台北故宫博物院参观时，到处可以看见"圣地西藏——最接近天空的宝藏"的海报，这样的宣传甚至布满了台北市区的主要街道。对周功鑫来说，这个西藏艺术展，也是她力推的与大陆文博界交流合作的一个结果。

2008年"两岸故宫博物院"计划开始启动。2009年2月14日，周功鑫带团率先前往北京，这是60余年来两岸故宫博物院最高规格的首次正式接触。此次大陆之行周功鑫也参观了上海博物馆；时任上海博物馆馆长陈燮君与故宫博物院院长郑欣淼迅速回访台北，两岸的互动开始升温。"我们和北京、上海达成9项共识。除了两项原则性的之外，其余7项都很具体，包括定期联系会晤、人员交流机制、图书互赠、商品互设点以及刊物互换等合作。"

当时，周功鑫带了一份"大礼"回台湾——故宫同意以借展方式借出37件藏品给台湾，以参与下半年在台北故宫博物院举行的"雍正——清世宗文物大展"。

2009年10月7日，"雍正——清世宗文物大展"在台北故宫博物院拉开序幕。这也是故宫文物分离60年后第一次重聚：来自故宫的雍正朝服、雍正"为君难"石印、"雍正行乐图"和台北故宫博物院的雍正朱批谕旨、松花石葫芦砚等共同还原了一个真实的雍正，使"雍正——清世宗文物大展"成为名副其实的大展。据台北故宫博物院提供的数据，共有70万人次参观了这一为期3个月的展览，创历年同期之新高，其中大陆游客约占30%。台北故宫博物院还进行了"雍正大展观众满意度调查"，游客对展览评价极高，展览内容、展示方式满意度分别高达98%和99.3%。与展览相关的出版物销售火爆，一版再版。

2009年10月7日，"雍正——清世宗文物大展"在台北故宫博物院开展

"2011年，我们计划举行的康熙展，也是与故宫合作的项目。可以说，目前我们在专业上是毫无阻隔地交流，在音像品、印刷品、资讯上都互通有无。他们也想从我们这里了解教育、文化创意产业上面的一些经验。"周功鑫说，2010年，为了庆祝故宫博物院成立85周年，故宫博物院和台北故宫博物院还组织了20多人的文物专家团，花两个多星期"重走故宫文物南迁路"。

"两岸故宫博物院各有千秋。"周功鑫说。对于外界热衷的"哪个故宫博物院的'宝贝'更多"的话题，她一笑而过。在出任台北故宫博物院院长前，周功鑫曾3次参观过故宫博物院。

"故宫本身还是无与伦比、无可替代的一个杰作。从永乐十八年到清朝结束，它浓缩了明清600多年的历史，完整呈现了明清皇室的生活状态，包括皇室的建筑、起居、品味。这些建筑及陈设，可以让人们获得历史、文化、社会等多元的知识。"周功鑫点评，"故宫这几年有一些考古出土的文物、新购回的文物，还有以前未南迁或南迁之后又回流的文物，都比较有特色，所以我们可以互补所长。"

"合格的博物馆员"

"2008年，马英九先生征召我回来，接到这个任命时我也有挣扎。我离开了9年，中间这里发生了很大变化，这里的同人也希望我回来整顿，所以我也下了很大决心。"回顾自己接过台北故宫博物院院长这一重担时的心路历程，周功鑫如此坦承。

周功鑫是一位"老故宫"。自台湾辅仁大学法语系毕业后，1972年她来到台北故宫博物院，从一名基层的解说员做起，由于工作认真，加上英文和法文的专长，第二年开始就调到院长办公室担任秘书。她说："我在这里从事过公共关系工作，为两任院长担任秘书，还有16年的展览组组长等职务的历练。这些经历给了我很扎实的基础。"

"蒋复璁先生是台北故宫博物院的第一任院长，蒋先生搭建了台北故宫博物院的框架，也培养了一批年轻人才，让'故宫'在中国台湾扎了根。此外，院长本人也是宋史专家，他的专业水准也给我们打下很好的基础。"周功鑫评价。

蒋复璁一共连任8届台北故宫博物院院长，任职时间长达18年之久，直到1983年因年纪较大身体不适才退休。曾在蒋介石身边做过25年秘书的秦孝仪接替蒋复璁，出任第二任院长。"他有很广泛的人脉，又看了很多东西，所以眼界很开阔。"周功鑫说，秦孝仪担任院长期间，把"故宫"的组织级别提高，人员也扩大了一倍，"这是他的远见之处，只有人力增加，职位更高，才可以请到好的专业人士加盟"。

1999年，周功鑫离开工作27年之久的台北故宫博物院。有感于台北故宫博物院面临人才荒，2002年，她回到母校辅仁大学，创设了博物馆学研究所并亲自任所长。她说："在学校教书，要涉及很多理论方面的东西，对全世界博物馆

台北故宫博物院前院长周功鑫，在她身后是装满文物的箱子

的发展趋势也要有了解。回到台北故宫博物院后，正好可以把这9年里学到的理论，带到我熟悉的工作环境里面。"

谈及自己，周功鑫微笑着自谦为一名"合格的博物馆员"，转而她又很认真地说："博物馆的工作是多元的，要涉及很多领域，首先要了解中国艺术史，还要懂得典藏登录、维护文物。文物维护与保养又与科学技术密切相关，甚至连怎么捉虫都是一门学问。作为馆长，我还要懂得营销、懂得安全……完全是跨领域的学科。"

对台北故宫博物院来说，面临的一个挑战是如何保存那些珍稀字画。"唐代和宋代的画，都是画在绢上的，经过1000多年的时光，它们变得非常脆弱。"周功鑫解释说，即便是我们现代人最常见的光源，对那些画都有影响，"所以这一部分的字画，我们每4年才拿出一次来展览，一次只展出十几天"。不过，周功鑫很自信地说，"我们的保存技术与世界水平同步，因为国外大多是油画，与我们的画材质不一样，我们的难度应该比他们还大一些"。

除了字画，周功鑫说，一些有机材质的保存也有一定的挑战，"比如说一些象牙雕的作品，雕刻得特别精细，象牙本身是有机材质，也是有生命的，所以要用最好的环境、最好的方式保护"。台北故宫博物院展示执行严格的专业要求，最基本的是恒温、恒湿，温度维持在21摄氏度，湿度在55%左右。

"故宫文物，从本质上讲，是'宫里的收藏'，因为每一位皇帝的品味与爱好各不相同，所以他们选择的东西有一定的局限性。从艺术史的角度，他们的收藏还是有所缺失的。"周功鑫详细地解释道，比如"故宫"里就没有明末清初士绅的绘画，"那是因为当时的士绅们都是前朝的遗老遗少，画的也都是暗含着反清的主题，所以清朝皇帝是不会收藏的"。"故宫"的收藏品只到清朝为止，清晚期到民国初期的藏品也没有；还有体现佛教艺术的文物，也是"故宫"收藏中所缺失的一部分。

新价值

"形塑典藏新活力，创造故宫新价值"，这是周功鑫上任后，为台北故宫博物院提的新口号，也是她在这一职位上对自己工作的期许。她说："如果说每一任院长都想留下什么文化遗产的话，我希望在我领导下的台北故宫博物院更具活力，也更具价值。"

上任后不久，周功鑫就宣布，从2008年10月开始对台北故宫博物院文物进行大清点。"当年在逃难过程中曾在上海清点两次，一次是1934年，一次是1935年借展英国伦敦那一批，最后是全部1.9万多箱南迁文物中来台的有3824箱，之后台北故宫博物院的文物已有20年没有清点，我们要先清点一下'家底'。"周功鑫说，清点工作预计在2012年完成。

除此之外，周功鑫又对展览方式进行了大的改进。2000年后的三任院长大都按照编年的方式来呈现作品，而故宫藏品大都是以前皇室的藏品，周功鑫认为，藏品有皇帝自己的美学思考，从历史延续的角度看，藏品很难涵盖一个时代的成就。而现在的展览方式则是按材质来分，比如书画、玉器、铜器、瓷器等，观众可以从中看到整个器物的发展历史、风格、时代背景。

在周功鑫的理念中，她并不希望台北故宫博物院扮演一个高高在上、令人敬而远之的角色。"一说起'故宫'，'故'，就是老、旧，给年轻人的感觉是很有距离的，我希望年轻人能亲近它，愿意走进来，收获到新知识，也增加他们对历史的了解。"

为了让台北故宫博物院更有活力，他们费了不少苦心。在"雍正大展"时，他们利用数字技术，让《百骏图》上的马可以走起来。让年轻人在玩当中学到了知识，也让他们体会到台北故宫博物院并不是那么难懂的。除此之外，周功鑫还采取延长开放时间、周六实施夜间免费开放的方案，都是为了吸引年轻人走入其中。

也有媒体称周功鑫是"点子大王"，有丰富策展经验的她经常会有很多出乎意料的创意。比如2011年10月，台北故宫博物院筹办的"康熙与路易十四"主题展。周功鑫解释说，康熙和路易十四是通过法国传教士知道彼此的；康熙曾要求法国传教士将一些资料和珐琅画等物品带回中国。中国瓷器喜用珐琅做装饰似乎从此开始。兴建凡尔赛宫的路易十四也受中国风影响，如他从南京大报恩塔得到灵感，为一名情妇建造特列安农瓷屋（Trianon de porcelaine），只是建材低劣，瓷屋很快就坍塌了。

"其实这是我在法国读艺术史博士学位的论文的一部分。生活在同一时代的这两个君主虽然不曾谋面，但他们曾经传过信息，从制度层面到艺术层面互相产生影响，这种交流展在台北也是第一次。"台北故宫博物院届时将与故宫博物院、法国凡尔赛宫、罗浮宫等共同合作这个展览，而台北故宫博物院与世界的博物馆的合作也成为一种常态。

周功鑫介绍说，目前台北故宫博物院共藏有67万件展品，平均每3个月就会更新一次展品。"我们会按照主题、特色、教育性等进行归类，并最大限度地让观众一饱眼福。一般每次展示3000多件原件，余下的藏品则会在库房妥善保存。我们会最大限度地让民众获得观看机会，但有些技术方面的工作，比如文物的展出条件等，还是要听从专业人士的建议。"

在台北故宫博物院的文物中，"翠玉白菜"无疑是名气最大的，这件玉器的雕刻一体成形，色泽自然，栩栩如生，每天有上百人排起长龙等着看这一个小小的"翠玉白菜"。"其实我想告诉大家的是，除了'白菜'和'肉型石'，我们还不妨从专业的角度，有系统地从某一类物品的起源和开始看起，从而获得对中国整个物质文明发展的清晰的认识。"周功鑫语重心长地建议。

"这些都是国宝，我们的工作责任重大，要确保它们万无一失，凡事以文物安全为第一考虑。"回归到一个文化人本身，周功鑫说，每次接触那些文物，都仿佛隔着时空与前人进行心灵上的对话，"每看一次，我都会油然而生一种感动"。

（撰文：李菁）

3

人文精神与缠绵乡愁：台北故宫博物院揭秘

整整60年的时间里，由于两岸之间的隔阂，几乎没有多少大陆人知道台北故宫博物院的情况，包括故宫博物院的专家对台北故宫博物院也都缺乏真正了解，甚至"两宫"之间的民间交流也很少。

很多年前，胡骁还在《光明日报》做记者，他喜欢研究历史，1988年左右，他逐渐对台北故宫博物院产生了兴趣，于是他决定写一篇报告文学，介绍台北故宫博物院。

但是当他着手这项工作时，却发现几乎找不到任何关于台北故宫博物院的资料。他认为，这批文物自从1948年运到台湾后，大陆人就再没见过，反倒在国际上影响非常大，很不正常。这不是一个简单的中国文物概念，它代表着中国顶级的文化、艺术和哲学。

记者出身的胡骁，对这种揭秘性的东西有一种天然的敏感，所以他一定要把台北故宫博物院的情况公之于众。于是，作为总撰稿，由于他和所在的九洲文化传播中心的努力，12集大型纪录片《台北故宫》在中央电视台播出，人们通过这部纪录片更多地了解到台北故宫博物院的全貌。胡骁先生在本章将以问答的形式来揭秘台北故宫博物院。

问：为什么会对台北故宫博物院产生兴趣？

答：这是一个宝库，号称65万件文物，而且都是代表中华文明的顶级艺术品，在世界博物馆界占有第四或第五的地位，又是从大陆搬过去的。可是大陆十几亿人对它的历史一无所知，对从事文物研究的专家的研究成果、人品及他们的学养更加一无所知。到2008年正好60年，一个甲子，没有人见过。我看了很多资料，觉得它必须得用影像的方式表现出来。

问：为什么当时本想写报告文学，后来又觉得要用影像来表现呢？

答：因为你越看越觉得文字很难去描述，比如说一幅画你怎么去描述呢？而且你描述了半天，读者也不知道这幅画到底是啥样，所以必须要用影像。比如汝窑的瓷器，形容它就是"云破天青"的一种感觉。"云破天青"是什么感觉，

台北故宫博物院大门

谁能揣摩得到?

影像是比较好的方式,2003年我调到九洲文化传播公司,它是专业从事对台宣传的一个部门,跟台湾有很深的人脉关系,可以让我获取这些资料。但是这个过程也比较复杂,很难。不过在2005年底到2006年初这段时间,我们获得了台北故宫博物院很多文物的影像资料。

问:2005—2006年你在做哪些准备工作?

答:做了很多基础的研究。比如它的历史,它迁台的历史从来也没有人考证过,到底运去多少箱文物,具体是什么,只知道是顶级文物,其他什么都不知道。还有那些学者,比如那志良、庄尚严,他们是怎么去的,他们的命运又是怎样。比如跟知情人联系,寻找这些人的下落、归宿,还有他们的子女、部下。后来居然还找到了3位健在的、当年押运文物去的人,最大的一位都90岁了,最小的也已经85岁了。

跟这些人建立了一些联系,还有跟台北故宫博物院的一些老专家、退休的院长、副院长,我们都做了很密切的沟通。

问:大陆的史学家、文物专家对台北故宫博物院也没有研究?

答:没有。我去拜访了很多人,他们对这段历史,只知道有这么件事,但是没有专门的人去研究,包括我走访过一些搞近代史和国民党党史的专家,还有故宫的一些专家,他们都只知道有这么件事,但是史料在哪儿也不知道。也不是说他们不去研究,是没有史料支持,而且两岸是一种隔绝的状态,没法获得这些东西。

问:那你当时怎么收集资料?

答:我没到九洲之前,资料就是一些回忆录,散落在很多片段、书籍、杂志上的一些回忆文章,很简短,但是它足以说明问题。有多少我就收集多少,慢慢就积累起来了。

等我到了九洲之后,因为有一些途径可以跟台湾方面进行联系了,就得到台湾很多文化人士的大力支持,给我提供了很多资料。他们给我寄了很多书和光盘,还有那边很多人的一些回忆录,包括手写的文稿。我就做了一个比较详细的梳理。

真正有实质性的进展，还是2006年我们开拍以后，开始跟以前联系的那些人进行比较实质性的沟通，说我们希望做一个学术研究和文化交流，他们很热心。这些人实际上对中华文化的认同感非常强，一听说我们要做这件事情，都非常积极，无偿提供给我们好多东西。

还有就是介绍了很多当事人的子女，包括他们的日记、手稿。我们拍摄的过程也是一个历史研究和资料整理的过程，这些东西我们汇总之后，与台北故宫博物院的一些专家来谈的时候，他们都觉得很吃惊，他们说你们说的这些事我们都不知道，你们获得的这些史料我们都没有进行过整理，都对我们很佩服。

有一种很真诚的东西打动了他们，让他们觉得我们真真正正是在干实事，这样我们双方之间的隔阂就越来越少了，认同感越来越强。他们也不想让这段历史就这样淹没掉。

问：当时和这些人和物接触时有什么感触？

答：我第一次去台湾是2003年，我把别的工作都安排好就直奔台北故宫博物院。到了之后就站在那里，台北故宫博物院的建筑不是很宏伟，跟故宫没法比，它坐落在台北郊外的一个叫外双溪的风景区，那种设计很讲究风水。

我第一次看到它心情特别复杂，我觉得这些长期以来都是在书本上、资料上看到的东西，觉得那是不可能被我靠近的，这次终于走到它跟前了，而且离得这么近，那种感觉是说不出来的。

然后我就买张票进去看，所有我在书本上读到的那些文物都在那儿，什么毛公鼎、散氏盘、鸡缸杯、溪山行旅图，还有汝窑瓷器、珐琅彩瓷器……我特别激动，好像以前受了很多累，吃了很多苦，终于见到它们了。

那些专家给我留下印象比较深的是，台北故宫博物院里搞清史研究的专家叫庄吉发，他退休了，有一次我们想采访他，他就说不方便。他说非常愿意跟我聊天，但不接受采访。我说行，那以后有机会我们会见面的。

过了两天我就去台北故宫博物院的图书馆看书，它的图书馆复印材料要买一张磁卡，然后自己印。我不会印，怎么也印不出来。后边有一个老头儿，抱着一摞书在等，等半天他说我帮你弄吧，印好后他说，我听你的口音不像本地人。我说是从北京来的。他说，前两天北京来的一个小伙子打电话要来采访我，我觉得不方便。我说您是不是姓庄啊？他说是。我说我就是给您打电话的那个人。我们就这样在台北故宫博物院图书馆里聊了好久，他特别希望能促成两岸共修清史这件事。

他也跟咱们这边联系过，清朝的档案很大一批在台北故宫博物院，也就是说台湾的清史专家看不到大陆那部分，大陆的清史专家看不到台湾那部分。修清史你看不到原始档案怎么修？他觉得两岸应该联合起来共修清史。

台湾的清史专家是中国的清史专家中非常优秀的一批，他们这些人的传统观念依然特别强，甚至他身上这些中国文化的东西比我们要重得多，非常深刻，都渗透到骨子里去了。他希望有朝一日两岸专家能够共修清史，因为清朝都灭亡那么多年了，清史还没有修出来是件很不应该的事。

还有他们有个副院长叫张临生，他以前是秦孝仪的秘书，现在是台湾震旦艺术馆的馆长，他给我们提供了大量历史照片，还有对秦孝仪、蒋傅聪这些人的感受，讲得非常透彻。他们对于中华文化的研究非常深刻，长期以来都关注这边，比如说这边出土了一个什么东西，他们很快就获得了，然后他们就归纳，和他们那边的进行对比。

两岸的局势松动后他们也经常能来这边，参观咱们的博物馆看咱们的史料，他们人在台湾其实心在大陆，割舍不掉这些东西。比如说，台北故宫博物院现在的文物编号依然用的是1924年清室善后委员会的文物编号，那时候是用《千字文》来标明编号的，《千字文》有999个字，天地玄黄，宇宙洪荒……故宫有999间房，每间房用《千字文》中的一个字来代替。这个宫殿所有的文物都编在这下面。

秦孝仪有一个想法，就是1933年南迁的箱子到了台北，他说这些箱子我都不动，有朝一日，我把这些文物全都装回箱子里运回北京。他们还是抱着这个理念。还有我采访的索予明，90岁了，他是第三船押运文物去台湾的，是搞漆器研究的一个专家。我问他将来对台北故宫博物院有什么打算？他说台北故宫博物院是由两个单位合并起来的，一个是"故宫"，另一个就是叫"中央博物院"（现在的"南京博物院"）。他就说将来最大的愿望就是"故宫"的文物还都回到北京，我们"中博"的文物还回到南京，我也还回到那里去。实际上"中博"已经消失60年了。而且现在台北故宫博物院的文物和"中博"的文物在编号上还是分开的，这是一个很让人感动的地方。

问：这个纪录片当初是怎么构架的？

答：除了向大陆人介绍台北故宫博物院的历史，还有就是当年跟随文物去台湾的那一部分专家，他们的人文精神，应该被大陆观众所了解。他们当年跟着文物去，并没有政治上的选择，战争一来，这些学者不考虑政治问题，政府让他们迁到哪里他们就迁到哪里。

这些文物在战火之中是很危险的，他们的考虑很简单，打起仗来子弹不长眼，万一文物被毁了怎么办？打完仗，我再运回来不就完了吗，就是这么一个很简单的想法。所有去的人，都觉得几个月之后就回来了。所有的随船走的人，甚至有的连家属都没有带，就把门一锁，装上船就走了。那志良才逗呢，他说我们在那里都别买木头家具，就买点竹子的，但真没想到一去就再也回不来了。我觉得这是一个特别感动的事。

另外，他们对传统文化的继承根深蒂固。庄尚严当时走的时候是一家六口全去了，后来升任台北故宫博物院的副院长，他是一位著名的书法家。文物到了台湾之后在雾峰乡一个叫北沟村的地方待了15年，这15年条件是非常艰苦的，就挖了个山洞，把文物全搁在里面，然后盖了几间平房作为展览室。

他们在那儿就体现出中国传统文人乐天知命的精神。首先学术研究从来没有间断过，就在那种环境中，他们依然搞出版、搞研究、做展览，还有人带学生，教育大学生，跟国外的收藏界进行交流。还有他们每年搞一个活动，就是王羲之在《兰亭序》里说的那个曲水流觞，这些人在一条小河边，河里漂着酒杯，漂到谁那停了谁就喝，喝完酒之后要吟诗，是对王羲之他们当年生活的怀念。

曲水流觞在中国文人中是一种很盛行的游戏，在咱们这边没有了，在台湾依然还有，很多名人都参加了他们这个活动。给我印象最深的一个就是他们的学术，他们的文化并没有脱离他们的生活。不管条件多艰苦，他们都乐呵呵的，一点都不抱怨，也没有钱。那些专家还要养鸡。

庄尚严的太太也是"故宫"的专家，由于家里穷，她就养鸡卖鸡蛋来维持生活，但是从来没有抱怨过为什么到这儿来。他们唯一的念头就是思乡。很多专家的一生没有安安静静在图书馆或书房里从事研究，精力都耗在搬运文物的过程中了，一刻都没有停过。

庄尚严、那志良就是最典型的例子，他们大学一毕业20多岁就进故宫了，从1933年开始，没几年就搬一次，也就是从1933年到1965年，三十多年一直在搬，但是学术研究从来没有中断过，对于学生的教育，对于后代的教育从来没有停止过，对于他们自己所坚持的文化理念从来没有怀疑过。

但他们不觉得有什么，生活不就是应该这样的吗，我为什么要有那么多的奢望，我就是搞我这个书画研究的，只要有块地方，能让我把这个画摊开来看就行了，有钱没钱没关系。

问：在你看来今天从事文化研究的人，和那个年代的人最本质的差别是什么？

答：我觉得，那个年代的人抱着一种传统："藏诸名山，传诸其人。"他们的文化研究和他们的人格之间是统一的。现在要进行一个文化方面的推广，用现代化的手段进行推广，比如说从事文化研究或者从事学术研究他也需要资金的实力进行支撑，这也是时代发展的一个需求，因为这样，所以不如当时的人心态那么沉静。他们会把这些东西做得特别到位。

你看他们的书稿，他们不像咱们这样一下就写出一本书来，他们可能十几年二十几年就写了几页纸，然后等他们把这些全部都弄好了之后，出一本书，也印不了多少，这是他们毕生积淀下来的东西。比如那志良的《玉器通释》，现在成为了玉器研究的典范作品。

再比如，索予明的《中国漆器考》，里面基本上涉及了所有东西，你没必要再去查别的资料，他毕生心血都在里面了。我觉得这点，值得现在的学者或者是从事文化工作的人借鉴。他们的心态很静，与世无争。

尽管条件比较艰苦，但是他们都是被养起来的，淡泊名利是一方面，他们的日子过得还都可以，不能跟那种很富有的人相比，可是有一点好就是他们不去追求那些物质上的东西。而且像他们从事的这些工作，并没有拿到外面对人过多地宣传。

他们很多人也是毕生第一次对别人讲起这些事情，真正地没有障碍地跟一个媒体去袒露这些事，大概这是他们毕生唯一的一次。我想也可能是最后一次了，因为他们都已经是这个年龄的人了。他们那时候受到的表彰、获得的奖章一枚一枚的，从来也没有拿出来给别人看，让人觉得挺感动的。

问：在拍摄过程中遇到过哪些困难？

答：有两点。一是我们想进台北故宫博物院拍摄，但是被拒绝了。后来我们已经有它的资料了，没必要进去拍了。因为20世纪90年代，秦孝仪很重视用影像表现文物，他想推广，但是财力又不够，因为拍这些东西要花很多钱。

后来台湾有一家公司来承担这些事情，他们用胶片拍了很多高清影像资料，我们通过和这家公司的联络取得了这些资料。

另外，去拍摄一件文物是非常麻烦的事。他们有的文物几十年也不拿出来展一次，一些名画，大概三四十年露一面，就存在那个山后面。那个山实际上是挖空的，里面全都存着文物，恒温恒湿，能够防止重磅炸弹轰击多少次都不会坏。台北故宫博物院展厅非常小，只有3层楼，没多大面积，展出一次非常不容易。

你要把它那些东西拿出来拍，那我想我们这片子大概10年也拍不完。我们只是拍了展场的一些环境和建筑风格。甚至如果得不到这些资料我们可能就会放弃，好在突然之间就有了这些资料。还有一个困难就是，很多人多年以来都散在各处了，资料也都很零散。

比如说我们想找很多人的子女，找到很多，但是还有很多人出国了，或者都已经故去了，也留下很多遗憾。主要的人都找到了，还有一些人失去联络了，有时候知道住哪条街哪门哪号，去了以后门也锁着，也找不到人。这种情况也都有，我觉得非常可惜。

问：有哪些人非常重要，但是没有找到？

答：特别重要的我们还都找到了，有一个人没找到，就是梁廷炜先生，这个人很特殊。梁廷炜一家三代都在故宫工作，他本人去了台湾，他的儿子叫梁旷忠，现在在故宫工作。他的孙子叫梁金生，也在故宫工作。实际上祖孙三代都在故宫工作。梁廷炜也是我们重点研究的一个人物，可惜我们就采访了梁旷忠、梁金生。梁金生现在工作的地方离当年存放《四库全书》的地方很近，他爷爷当年在故宫就是负责保管《四库全书》的，现在文渊阁是书去楼空。梁金生每天上班要从文渊阁路过，他很怀念那栋楼。他爷爷在台北保存着《四库全书》，孙子在北京看着这个空楼。我们唯一觉得遗憾的就是，我们想拍摄梁廷炜先生在台北的墓地，他葬在什么地方，却始终没找到。他好像还有个后代在台北，但是始终联系不上。

问：这是一个有点令人伤感的戏剧性的事实。

答：还有很多很多戏剧性的故事，比如说李济和他的儿子李光漠。李光漠是近80岁的老人了。李济是中国考古学界的开创者，他是安阳殷墟考古发现的第一人，当年是带着李光漠一起到台湾的，可是李光漠不愿在台湾待着，又回来了，他觉得不可能两岸隔绝。当时李光漠是在同济大学念书，他觉得去了台

清末年被杂草环绕的文渊阁

湾学业就中断了，还得回来念书。李济不让他回去，说大陆那么乱，你回去干吗？他就死活要回来。

这件事李济也很伤感，李光漠回来后两岸就隔绝了，父子就这么分开了。直到李济去世，李光漠也没有去台北。后来李光漠到台湾看到他爸爸当年住的地方，在台北的温州街，把李济留下来的遗物全都拿回来了。我问李光漠，后悔不后悔？现在他这话没法说起了，也不知道历史怎么就演变到这个程度，当时谁会想到父子再也见不到呢。我们在采访中遇到很多这种悲剧性的结局，我一直被这种情绪纠缠。

我采访了李济的学生，现在已经是"中央研究院"的院士，老头儿都70多岁了。他说李济当年在台北把甲骨文都摊开在地上给他们讲，给他们讲当年安阳考古是怎么回事，考古队怎样的，旁边还有两棵杨树。多年以后李济过世了，他的学生回到安阳考古现场，看到李济当年考古的那个坑，还找到了那两棵杨树，这些事情都是他们在故事中、教学中听到的，他回到这个地方亲自看到这些。老头儿接受我采访的时候，眼泪一直忍不住流。

问：感觉在拍摄过程中两岸之间的联络很困难，这些问题是怎么克服的？

答：联络是非常烦人的事。因为我们机构的性质就是跟他们那边进行联络，所以有一些天然的条件，但是一涉及这么长时间以来被淹没的历史，重新发掘出来也是件很不容易的事。即便是在北京，我们去找的话也会费一番周折，台湾隔着那么远，又不能随便去。但这过程中也得到了许许多多人的帮助。有时候如有神助一样。比如我们想找到李济先生的学生，怎么也找不到，这事让我挺苦恼。我在最后一次去台湾之前头一天晚上，总导演周兵说有几个台湾来的朋友聚会让我去。我当时说特累，而且第二天就走了，该休息了，他还是让我去。

那天都晚上9点多了，我跑到后海去跟他们见面，其中就有台湾很著名的文化人叫林谷方，我就跟他说想找李济先生的两个学生，一个叫李易元，一个叫许留云，没法联系。他说，你早跟我说，我跟他们都是老朋友了！后来很快就联系上了。还有我们想采访一个书画专家蒋勋，也是台湾很著名的书画理论家，我在那边采访别人的时候他正好在旁边，就好像都赶到一起来了，第二天就采访了。还有我们要拍蒋复聪先生的墓，怎么找都找不到，有人说在这儿，有人说在那儿，我们都去了，都没有。后来就有人告诉我说好像是在一个叫三峡的地方。三峡具体在什么地方也不知道，包括台北故宫博物院的人都不知道，"蒋院长"葬在哪儿了，他们都想不起来了。我们开着车就去了，非常顺利地就找到了。蒋复聪先生是个天主教徒，我们找到一个天主教的公墓，那也没有管理人员，墙上有个电话，打电话，一问就找到了。

问：台北故宫博物院跟故宫在表现手法上有什么不一样？

答：周兵他们团队的一些创作理念，确实很符合我们这个片子的主旨。周兵拍故宫博物院用了3年，之前他和我一样，也进行了艰苦的准备，他在这方面积累了很多经验。他们对我提出的一些创作理念进行了发挥，有的地方还进行了修改，这样更容易被青年观众接受。比如说，他拍的故宫比较居高临下、皇家气派的那种风格，这种风格用在台北故宫博物院上也行，可是台北故宫博物院有更加人性化的东西，它很贴近民众。如果去台北故宫博物院看的话，你会觉得那些东西离你特别近，就隔着一层玻璃，有很亲切的导览和解说的方式，它把那些中国文化的元素想方设法融入人的生活中。比如它会制作很多纪念品，把台北故宫博物院的名画印在桌布、窗帘或者衣服上，进行民众教育。

周兵可能从这些地方得到了启发，台北故宫博物院没有居高临下的那种风格，更加贴近观众，尤其是青年观众，跟现在发生的事联系在一起，现在和历史不是分割开来的。比如说新闻性，它讲述的就是当下发生的事情。

我们会在片子中讲述台北故宫博物院对台湾老百姓日常生活的影响，他们从小对它的感受都很深，从中受到熏陶，这些东西在当地老白姓的生活中鲜活地存在着。

台北故宫博物院进行的这种民众教育，是大陆所欠缺的，比如学龄前儿童、小学生、中学生、大学生都要接受这种教育。还有很感人的是他们会把这些东西拿到监狱里去展览，会给犯人看，教育那些犯罪的人，净化他们的灵魂。另外它还有对残疾人的教育。对于当地非专业的人，你让他们去谈台北故宫博物院，他们都能说出很多东西，我们不板起面孔来讲历史、讲道理，就是很亲切地说。

在那么一个地方，有这么一批人，他们是按着那个时代的理念来生活的，并且到现在依然延续着，有着很深厚的积淀。在他们的生活中，如果我们看到，会觉得很吃惊，但是他们不吃惊，他们觉得不就是应该这样吗，还应该是什么样呢。

2004年我去台北时，台北故宫博物院正在做一个展览，规模空前。我在那儿观察，好多青年人，还有义务来给大家做解说的大学生，他们讲得非常好，我觉得解说的水平相当于咱们这边的教授、副教授。还有一个父亲让他孩子骑到他肩膀上，跟孩子讲黄庭坚的《花气熏人帖》怎么写的。我还看到一个打扮特别的女孩，她看一幅画的时候那个专注的神态，反正我在北京是没有看到。那幅画特别长，她看这幅画从头走，走得特别慢，走两步站在那儿看，再走两步再站那儿看，一直把那幅画看完。要我都看不下来。后来我问她，是不是从事美术专业的，她说不是，就是爱好。

问：台北故宫博物院在台湾民众心中是一种什么样的地位？

答：他们博物馆的理念跟我们不一样，咱们这边偏重于收藏和高端学术研究，他们那边收藏和高端学术研究非常发达，但是他们的理念就是一定要进行民众教育。民众教育是台北故宫博物院到了台湾就有的，在历史上起到一个很重要的作用。故宫的这些文物和专家去了之后，用这些东西慢慢让台湾人知道，我们是中国人。这些东西像物证一样，因为那些人传播中国文化，扫荡了日本对台湾多年的皇民化教育。所以自从到台湾，哪怕是在北沟那么艰苦的时期，他们花了很多钱建了一个陈列馆，让学生去参观。他们给那些学生讲，这好像是他们的一个传统，一直到现在。

现在有了声光电的现代化设备，他们就做得更好了，他们做了很多光盘、影像资料，甚至做成电子游戏。咱们的电子游戏就是打杀，他们有个电子游戏叫《国宝总动员》，讲台北故宫博物院晚上闭馆了，那些文物都活起来了。"翠玉白菜"上面有个蚂蚱，叫冬，从上面跳下来跑了，这些文物就开始找。宋孩儿瓷枕也活起来了，在那里跳来跳去地去找。谁找到了就奖励谁，比如找到这个东西奖励一个汝窑的作品，就像咱们这边得分一样。然后让小学生去玩这个游戏，在游戏中受到一些历史教育。

问：在拍摄的过程中有什么新发现？

答：有一件事，当年从南京搬去台湾不是有三艘船吗，第三艘船有一个人还健在，就是刚才我说的索予明。那个船上当时发生了一件事，他从来没跟别人讲过，就是船长想起义。船走到长江口的时候突然往北开，北边是解放区，南边是往台湾去，他们就很奇怪，怎么往北边走了。然后这个船上的大副和枪炮官联手把这个船长给架空了，这艘船后来还是到了台湾。这件事他一直没给外人讲过，因为当时这个船长好像也没受到太重的处理，他不便说。

我约了他四五次之多，他都以身体不好拒绝了，这次去我说无论如何要找到这个人，去拜访他，请他能够接受我们采访，他挺感动的，就见了面，后来把这件事情给说出来了。这也是很多人都知道的事情，但没有被证实，这是第一次有人证实，我们在片子里会提到这件事。这件事他在回忆录里也没提过。副船长写过一篇回忆录，没有提到这件事，这些人也都过世了。现在只有他还活着，我问他船上是不是发生过一些很激烈的对抗，他说也没有，就静悄悄地把这个船长架空了，走了一个多月，最后才到了台湾。

问：还有什么是第一次披露出来的？

答：迁台的过程是第一次披露，整个台北故宫博物院的历史基本上都是第一次披露，比如怎样到了基隆，基隆到了杨梅，在杨梅一个仓库里放着，放了几天又到了台中糖厂，台中糖厂放了不到一年的时间就转到台中，在北沟那十几年的生活从来没有人提起过。台中我们也去了，当时的现场我们也都拍摄了，但"9·21"大地震把那个地方都夷为平地了。

当我们提起这些时，很多当地人就说："还有这回事儿？"他们都不知道。另外，我们还拍到了台北故宫博物院当时的设计图纸。台北故宫博物院的一个

台北故宫博物院原始设计模型图

设计师叫黄宝瑜，在台湾非常著名，他已经过世了，我们也没找到他的子女。后来一个非常偶然的机会，我们找到了他当年的一个同事，叫苏泽，他当时跟黄宝瑜一起参与设计的，我们就采访他，问他有没有当年的设计图纸。

本来在台湾大学还保存着一份台北故宫博物院的设计稿，可是不让我们拍，愁得我没办法。后来我给他打电话，想问问图纸是否还保存着。他说有，都在他那儿，他的是最原始的图纸，而台湾大学那个是复印的。他把最原始的图纸拿出来全让我们拍了。

台北故宫博物院本来不是现在这样，不是传统宫殿式的建筑，而是现代化的建筑，本来那个作品已经入选了，也是台湾很著名的一个设计大师王大泓设计的，一点中国元素都没有。现在说可能是造价太高，但是我觉得可能是不被蒋介石认可，蒋介石不太喜欢西方的东西，他特别喜欢中国式的东西。

但他那个作品又是设计得最好的，又是被评审委员会通过的，可能后来上面不太同意。黄宝瑜当时不是设计师，是评审委员，说设计稿都不行，好不容易挑出一个又被毙掉了，干脆我设计一个吧，他就设计了一个。我们本想拍下当初那个设计稿的样子，跟现在的做对比，但找不到王大泓。最让我感到幸运的是，就在我们采访的同时，王大泓在台湾的"国父纪念馆"开了一个他的作品展，正好他当年设计的模型在那展出，我们赶紧派人把它拍了下来。有些事情就是这么巧。（撰文：王小峰）

4

让台北故宫博物院充满人情味儿

　　周兵有一个愿望，就是用影视的方式传播中国传统文化。对于台北故宫博物院也是一样，静态的是讲述台北故宫博物院60年的历史，动态的是在讲述过程中不断发现新的东西，有时候像是个人体验式创作，"中国古代的书法绘画音乐里，个人体验式的创作占主体。就是真正的能存下来的这些，比如石涛的绘画。

周兵花了3年时间，拍摄了一部大型纪录片《故宫》，它成为中国纪录片的一大突破。之后，他接到了一项比拍《故宫》更艰巨的任务，拍台北故宫博物院。说它艰巨，是因为拍台北故宫博物院不可能像拍故宫那样吃住在其中，一个镜头想拍到很好的效果，可以等上几天甚至几个月。在几经交涉后，台北故宫博物院最终拒绝剧组进宫拍摄，那是用多长的焦距都无法聚焦其上的一个事实，因此只能另辟蹊径。

　　周兵一共去过两次台北。两次亲身经历，让他脑子里慢慢形成两条线索，一个是台北故宫博物院的历史，一个是台湾的历史和台湾人的生活，两条线索交织在一起，可以让纪录片看上去更有新闻叙事性。

　　"纪录片我想更多是一种比较生活化的叙述，甚至是一种更亲切更自然的东西。但是在叙述效果上，我要求每个导演达到一种新闻性的叙述，它是一种文献解读，和一个一个大家不知道但特别想知道的曾经发生过的故事。"周兵说，"但是我们也在做尝试，比如我们想用一些散文式的感觉，但是这种散文又不是追求文字的优美。'小虫'为我们的纪录片做了配乐，我跟小虫聊音乐的时候，发现台湾文化感和音乐感的一些东西是很人性化的，很亲切很自然很质朴或者说很有生活质感的一些东西。不像我们大陆是很有包装感的。我觉得大陆就是，或者我们从小受的教育就是，它的文字是经过我们修饰过的东西。所以我希望这次拍摄少一些修饰，包括画面也是，比较自然一些。"

　　为了寻找这种生活质感，周兵每天泡在中视、华视还有台湾电影资料馆，天天看与"故宫"有关的资料。"因为每天你都会对着屏幕看这些，而且没有休息时间。看的过程中你还要去选择，这个新闻需不需要，那个新闻需不需要。看到最后我都快崩溃了。"

在众多的影像资料中，周兵发现了一个摄影爱好者用胶片拍摄的一段台北故宫博物院的影像，后来他发现这是最早的一段台北故宫博物院的影像。"我觉得那个人就像当年的一个DV爱好者，他拍的影像，比如为朋友在台北故宫博物院拍照，晃晃悠悠的。他也拍了一些台北市的街景，也晃晃悠悠的。当时我们可能不太重视这段影像，现在我就要求导演全部采用。买多长就用多长，一秒不落地必须用，而且要解读这段影像。这是20世纪70年代初拍的，20世纪70年代初的台北市的街头是什么样的，当年人的服装是怎么样的，然后再放一段新闻进去。"

周兵希望把宏观的历史事件和微观的生活场景都运用到这部片子中，比如20世纪50年代一些招工广告，还有报纸上的一些星座运程，以及当地的天气，当然还有蒋介石的一些新闻。"每集我都想这么做，但对我们导演来说难度太大了。但是有一个，我觉得挺有意思，就是地震，台湾经常地震。我们四川地震的时候就损失了很多文物，因为我们的文物没有防震措施。而台湾所有的文物都有防震措施，怎么防震，专门有一个新闻。然后我就把台湾那年大地震的新闻穿插进去。"

周兵有一个愿望，就是用影视的方式传播中国传统文化。对于这个纪录片也是一样，静态的是讲述台北故宫博物院60年的历史，动态的是在讲述过程中不断发现新的东西，有时候像是个人体验式创作，"中国古代的书法绘画音乐里，个人体验式的创作占主体。就是真正的能存下来的这些，比如石涛的绘画。我喜欢古琴，很多很好的古琴曲，比如嵇康的《广陵散》，比如《酒狂》，比如孔子的《幽兰》，都是个人体验的状态下，在某种境遇下有感而发，传诵了一两千年到现在。我就想我们做纪录片，能不能有类似的东西，真正是发自内心的、让人感动的、具有生命体验的，但是又让很多人都愿意接受，或者是他们喜欢的。我想在这两者间找一个结合点"。

但是周兵也有苦衷，个人体验式创作每个人感受都不同，理解也不一样。"再过一两年我可能不大想当一个大型纪录片的总导演，最痛苦的就是，如果有

10集，你要和10个导演谈，如果你再配10个撰稿，你就要和20个人说。虽然一般我们不会有这样的配置，但是至少你要和10多个有独立思考能力又有个性追求的艺术创作者去沟通，每次沟通都是很痛苦的。包括《故宫》《敦煌》等一些我们以前拍过的纪录片，也都存在这些问题。

我觉得有点尴尬，我是总导演，大家都听我的，但是每个人都是一个个体，现在的年轻人有很多新想法，要去尊重他。我一般都很尊重他们，但每个人的想法太多了，就会影响到我整体的风格。很偶然的一次我看了余光中的诗，我就跟分集导演说，你们应该用到解说词里，分集导演就是不认同，后来我就急了，我说你一定要用，而且要用到开头。后来就用了，用了效果也挺好。开头余光中的一首诗，我看他们挑的比我想象的还满意，正好这首诗写的是台北故宫博物院"。

对于历史这类题材，做到形而上很容易，但是做出人情味不容易，有时候做出来要么冷冰冰，要么在概念中盘旋。为了回避这种效果，他们尽量把人与物相结合，比如《国之重器》一集，讲的虽是青铜器，但是要把李济的个人命运和感情加进来。

周兵说："做书法一集，我强烈要求把庄尚严'曲水流觞'那种感觉放进去。甚至有时候就一张图片你不用任何解说，一段音乐或者庄老先生的一个正面或侧面，你让观众去看他去感受他，他内在学者的这种气质，反正我是能感受到一些复杂的东西。我希望能打动观众的情感，每集都不太一样，比如秦孝仪，他晚年的一些话和他写的一些诗，这些能让岁数比较大的知识分子有一种两岸隔离分开的伤感，但是对一些年轻人不太可能，我们就用了周杰伦的歌，甚至周杰伦的采访、林怀民的舞蹈，或者一个动画片来打动年轻一代人对传统文化、对台北故宫博物院里有这么时尚、这么好玩、这么活泼的东西有感性认识。我们每集功能不太一样，不可能每一集都达到同一种情感。"

最后，周兵说："我们在拍摄中，至少台湾是怎么漂亮怎么好玩，台湾的历史，台北故宫博物院60年的历史，台湾文化的一些影响，这里面涵盖了。甚至有一天我和胡骁去喝茶，回来的时候，我们坐台湾的捷运（轻轨），路过一个小区，跟咱们的小区一样，但它可能更干净更漂亮一些，很多人遛狗，好多小孩在玩，其乐融融。现在做纪录片就会有更多更善意、更关爱的想法。"（撰文：王小峰）